LA PAROISSE

DE

BONS

(NOTICE HISTORIQUE)

PAR

M. L'ABBÉ GONTHIER

CHANOINE HONORAIRE DE LA CATHÉDRALE D'ANNECY.

ANNECY
IMPRIMERIE COMMERCIALE

1912

LA PAROISSE
DE BONS

Permis d'imprimer.

Annecy, le 24 juin 1912.

J. Cusin,

Vicaire général.

LA PAROISSE

DE

BONS

(NOTICE HISTORIQUE)

PAR

M. L'ABBÉ GONTHIER

CHANOINE HONORAIRE DE LA CATHÉDRALE D'ANNECY

ANNECY
IMPRIMERIE COMMERCIALE

—

1912

LA PAROISSE DE BONS

Bons (1) est une commune du Bas-Chablais, ressortissant au canton de Douvaine et à l'arrondissement de Thonon-les-Bains. Elle s'étend entre les communes de Saxel, Boëge, Brens, Saint-Didier et Brenthonne. Ses hameaux, qui s'étagent sur le versant N.-O. de la montagne des Voirons, se nomment les Clefs, les Bels, Marcley, les Charmottes, les Blancs, Grésier, Langin et les Granges. En face, se dresse le charmant coteau de Boisy, qui étale au soleil ses maisons rustiques, ses champs, ses prés et ses vignes couronnés par une forêt de chênes ; sur la droite, l'œil contemple une échappée du lac Léman, Thonon et la colline des Allinges.

Le chef-lieu de Bons, situé sur la voie celtique qui reliait la vallée inférieure de l'Arve au Chablais, à moitié chemin des stations romaines d'Annemasse et de Thonon, a dû être dès les temps les plus reculés, un lieu de relais.

Parmi les antiquités qu'on y a découvertes, nous devons signaler un fragment d'inscription romaine trouvé en 1864, dans les démolitions de la voûte de l'église : sa BIANVS fa C. CVRA vit (2). On y a trouvé

(1) Bons se prononce Bon en français, Ban en patois. Le Dictionnaire des Postes énumère, pour la France, six localités portant le nom de Bans ou Bens, et six celui de Bons.

(2) Je ne parle pas d'une autre inscription plus complète, sur table en calcaire blanc, que M. Aug. Turrettini découvrit à Bons dans un fenil et qui a été également transportée au Musée de Genève, cette table ayant été apportée à Bons du château de Chignans, près Thonon (M. D. Gen., tome XV).

plus anciennement quatre bagues en argent de l'époque romaine ou gallo-romaine, savoir : un anneau avec ornements à relief, deux bagues figurant un serpent enroulé trois fois sur lui-même, et une bague avec chaton en pâte bleue, représentant une victoire. Elles appartenaient à M. le baron de Bonstetten (Thoune) qui les a décrites dans ses *Antiquités suisses*.

Le territoire de Bons, avec une bonne partie du Chablais, fut cédé vers l'an 517 par Sigismond, roi de Bourgogne, à l'abbaye qu'il venait de fonder à Saint-Maurice d'Agaune ou Saint-Maurice en Valais. Nous voyons en effet Burchard, abbé de Saint-Maurice, par acte du 13 octobre 1039, céder en précaire à Louis, fils de Guy, pour lui et son héritier, une propriété ou seigneurie à Bons « unam potestatem quæ vocatur Bonus », ainsi que la villa d'Essavenay (Excenevex), contre certains biens, sis au comté de Vaud.

1. La Paroisse avant la Réforme.

La paroisse de Bons, dédiée tout d'abord à l'apôtre Saint-Pierre, puis aux saints Pierre et Paul, date vraisemblablement du cinquième ou des premières années du VIe siècle, c'est-à-dire de l'époque où, suivant une ancienne tradition, l'évêque Domitien vint renverser l'idole vénérée jusqu'alors au sommet des Voirons, ou bien du temps où saint Avit, archevêque de Vienne, revenant de Saint-Maurice, érigea l'église chrétienne d'Annemasse, sur les ruines d'un temple païen (vers 517 de notre ère).

Cette paroisse devait comprendre, à l'origine, le territoire des communes actuelles de Saxel et de Saint-Didier, peut-être même de Brens, dont les habitants érigèrent plus tard des chapelles de secours devenues bientôt des églises filleules.

La plus ancienne mention que nous en ayons rencontrée, est de l'an 1279. Le vendredi après Pâques, de cette année (7 avril), R[d] Anselme, curé de Bons, noble

Pierre, Jacques et Aimé de Bons, frères du précédent, passent un accord avec l'abbé d'Aulps relativement à certaines pièces de terre dépendantes de la grange d'Arbussié, rière Brenthonne.

Voici la liste des successeurs du curé Anselme, dont nous avons rencontré la trace :

Amédée, curé de Bons : est témoin à Genève le 8 mars 1307, à l'hommage que divers habitants de St-Gervais prêtèrent à l'évêque Aimon du Quart.

Le 9 août 1345, un *Pierre de Fernay*, curé de Banez au diocèse de Genève, permute avec le curé de Manigod, Girard de Vilette. — S'agit-il ici de Bons ou de la paroisse disparue de Bans sur le Rhône ? Nous n'osons prononcer.

Vers cette époque, le revenu de la cure de Bons était de vingt livres, environ 720 francs de notre monnaie et son personnat de 40 sols (environ 72 francs).

Jean des Vignes, 1382. Par acte du 9 janvier de cette année, R[d] Jean des Vignes reconnaît devoir à l'abbaye de Ste-Catherine du Semnoz, 40 sols genevois annuels pour le personnat de Bons (1).

Aimon Chalouz occupait la cure de Bons, lorsque, le 17 mai 1412, l'évêque de Genève, Jean de Bertrands, fit la visite de l'église ; mais il mettait de la négligence dans l'exercice de ses fonctions. La paroisse — dont Saint-Didier était déjà séparé — comptait alors 80 feux, c'est-à-dire de 400 à 480 âmes et le revenu du bénéfice était de 50 florins (environ 870 fr. de notre monnaie).

Robert Paget, 1414. Par acte du 25 juillet de cette année, ce curé passe en faveur du monastère de Sainte-Catherine la même reconnaissance que R[d] Jean des Vignes.

(1) Le 25 avril 1711, R[d] Masson, aumônier de l'abbaye Sainte-Catherine du Semnoz, écrivait à M. le curé Pâris qu'il devait à l'abbaye 40 sols gen. à chaque fête de Pâques, à l'occasion d'un personnat affecté en faveur de l'abbaye sur la dite cure, ainsy qu'il conste par la reconnaissance passée par R[d] J. des Vignes, le 9 janvier 1382 ; par M. Robert Paget, le 25 juillet 1414 ; par M. J. Fabri, le 24 novembre 1457, et par ordonnance de l'Official de Genève du 20 juin 1625. (Notes de M. Thorens.)

A la visite suivante, faite le 12 mai 1443, par R^me^ Barthélemy Vitelleschi, coadjuteur de l'évêque de Genève, la cure était possédée par R^d^ *Gérard Mistral*, qui avait confié le service de la paroisse à un vicaire nommé Gérard Biolley. Le prélat ordonne aux paroissiens d'établir au côté gauche de l'autel, dans la muraille, une fenêtre ou armoire pour mettre le Saint-Sacrement en sûreté, et d'acheter une pixyde de laiton pour le porter aux malades, une lanterne pour l'accompagner. Il ordonne également qu'avant la prochaine fête de l'Ascension ils aient renouvelé le calice, les burettes et la paix. Enfin ils devront protéger le *Sancta Sanctorum* ou le sanctuaire par une balustrade, le paver et réparer les murs du chœur en dehors.

Ce même jour il consacre l'autel de la Vierge, fondé par les N^es^ de Langin. — La population était tombée à 66 feux depuis la dernière visite; mais les revenus de l'église avaient augmenté de 60 florins.

A Gérard Mistral succéda *Pierre Fabri*, qui ne tarda pas à résigner le bénéfice.

R^d^ Jean Fabri, son frère, fut nommé à sa place, le 29 mars 1450, par l'évêque de Genève, qui était alors Amédée de Savoie, cardinal de Sainte Sabine. (Registrum épistol. Amedei, Biblioth. de Genève): Fabri passe en 1457, une reconnaissance pour le personnat de Bons en faveur de l'abbaye de Sainte-Catherine.

Apparaît ensuite vénérable *Antoine de Langin*, fils de noble Louis, seigneur de Langin et de Louise de la Pallud (1471-1482). Antoine de Langin, étant en même temps professeur de droit et chanoine d'Abondance, faisait desservir la paroisse par des vicaires : c'étaient, en 1471, R^ds^ Jean de l'Eau-Noire et Pierre du Souget; en 1482, R^d^ Nicod du Clos. A la première de ces dates, la paroisse fut visitée, le 28 avril, par R^me^ Mamert Fichet, délégué de l'évêque de Genève qui consacra le maître-autel et réconcilia le cimetière ; à la seconde, par Mgr Claude Rup, coadjuteur de l'évêque Jean Louis de Savoie. Ajoutons qu'Antoine de Langin fut élu, en 1473, abbé d'Abondance, par les chanoines de l'abbaye ; mais il ne paraît pas qu'il en ait pris possession.

En 1485, le bénéfice de Bons était occupé par R[d] *Jean Mistral* ; en 1518 par R[d] *Jean Gay*, qui résidant à Rome, faisait desservir la paroisse par un vicaire, Anserme Brisset. C'est ce que nous apprend la visite du 22 avril 1518 faite par R[me] Pierre Farfeni, suffragant de Genève.

La population de la paroisse de 63 et 60 feux lors des deux visites précédentes, était maintenant de 70 feux et le revenu du bénéfice était monté de 170 à 240 florins (1).

Dix-huit ans plus tard (1536) eut lieu l'invasion bernoise. Avant de raconter succintement l'histoire de cette période, nous devons dire quelques mots de l'église de Bons, de ses chapelles et des revenus du bénéfice cure.

L'église de Bons, à l'époque où nous sommes arrivés, n'était probablement pas très ancienne. Nous savons en effet qu'en 1467, on y érigea une chapelle neuve, celle des Onze Mille Vierges, qu'en 1471, l'évêque visiteur consacra un nouveau maître-autel, et que, d'autre part, la sacristie était bien pauvre en ornements et vases sacrés.

Il y avait dans cette église un assez grand nombre de chapelles ou d'autels latéraux dont nous reparlerons plus loin ; c'étaient :

— la chapelle du Saint-Esprit, dont la nomination appartenait aux syndics ;

— celle de Notre-Dame de Pitié qui était, croyons-nous, du patronage des Langin ;

— celle de Saint-Antoine, fondée dans les premières années du XVe siècle par N[e] Oddon de Langin ;

— celle des Onze Mille Vierges (2) fondée le 21 octo-

(1) Environ mille francs de notre monnaie : depuis la découverte de l'Amérique, en 1482, l'argent avait étrangement diminué de valeur.

(2) D'après une légende, Ursule, fille de Nothus, *alias* Maurus, roi de Bretagne, fut demandée en mariage par le fils d'un roi d'Angleterre. Elle

bre 1467, par généreuse Louise de la Pallud, veuve de Louis de Langin « par piété envers Dieu et les âmes de son mari et de ses parents défunts » ;

— celle de la Sainte-Croix, fondée le 24 novembre 1499, par Pierre des Clets, qui nomma pour 1er recteur messire Jean des Clets, prêtre ;

— et la chapelle des SS. Georges et Claude, sur laquelle nous avons peu de renseignements...

Le curé possédait une maison composée de quatre membres, une grange de trois espues ou travées, un curtil et un chenevrier, le tout confiné, devers la montagne, par le cimetière et la voie publique, devers le lac par le pré des nobles de Bons ;

— une demi-seytorée de pré au territoire de la Colombière, une autre au Petit Banset ; deux seyturines au Grand Bancet ; deux autres au territoire de Verray, et quatre poses de bois dans la forêt dite de Saint-Pierre. Enfin il percevait quelques censes, plus le tiers de la dîme des céréales, le reste étant perçu par l'abbaye du Lieu ou par les seigneurs de Langin.

II. La Paroisse sous la Réforme.

En l'an 1535, les habitants de Genève, pour se soustraire à l'autorité de l'Evêque et du duc de Savoie, adoptèrent la religion réformée que venaient d'embras-

accepte à condition que son mari recevra le baptême et qu'on lui donnera une compagnie de dix mille vierges. Après les avoir converties à la vraie foi, Ursule emmena ses compagnes en pèlerinage à Rome. Comme elles revenaient en suivant le fleuve du Rhin, elles tombèrent à Cologne entre les mains des Huns qui les massacrèrent toutes. — Suivant une autre version, envoyées par le roi d'Angleterre au gouverneur romain de l'Armorique qui désirait les marier avec des soldats, ces dix mille vierges furent jetées par la tempête sur les côtes de la Germanie, où elles furent massacrées par des hordes barbares. En admettant qu'il y ait dans cette légende un fonds de vérité, on peut croire que le nombre des compagnes d'Ursule a été grandement exagéré.

Suivant le P. Sirmond, sainte Ursule n'avait qu'une seule compagne, savoir *Undecemilla*, qu'un copiste a changé en *undecim millia* (onze mille). D'autres croient qu'elles étaient onze, et que le récit de leur mort portant ces mots : XI mm. virg. (onze martyres vierges), on a traduit par XI millia.

ser les Bernois, leurs protecteurs. L'année suivante, la France, Berne, Fribourg et le Valais se partagèrent les Etats du malheureux duc Charles III dit *le Bon*. Les Français prirent la plus grande part ; les Vallaisans, le bas Valais avec le pays du Gavot, les Bernois s'annexèrent le pays de Vaud, Gex, la châtellenie de Ternier, celle de Gaillard et le Chablais occidental, de Saint-Cergues et Corsier, jusqu'à la Dranse.

Après quelques mois de feinte tolérance, les Bernois voyant que les populations demeuraient fidèles à la religion catholique, chassèrent tous les prêtres, remplacèrent les 37 Curés du Chablais par une vingtaine de ministres et recoururent aux mesures les plus draconiennes pour obliger les nouveaux sujets à suivre les catéchismes et les instructions de ces derniers.

Un seul ministre fut chargé de desservir Bons, Saint-Didier et Brens. On lui donna la cure de Bons pour habitation, le jardin, le pré du grand Bancet, le bois de Saint-Pierre, une pose et demi de vigne à Brens, au lieu dit *en l'Epine*, plus trente coupes de froment, dix-huit d'avoine et 200 florins, payables chaque année par trimestre. Quant aux autres terres du bénéfice-cure les conquérants les vendirent à divers particuliers.

*
* *

Les Bernois occupaient le Chablais depuis trente-un ans, lorsqu'ils furent contraints de le restituer au fils du duc Charles III, le célèbre Emmanuel-Philibert ; mais celui-ci dut malheureusement s'engager à laisser les habitants du baillage vivre dans la religion réformée jusqu'au prochain concile général, c'est-à-dire jusqu'aux calendes grecques. Les ministres établis en Chablais gardèrent donc leurs postes : celui de Bons se nommait Claude Philippe (1567-1573) ; il eut pour successeur spectable Mathieu Muret qui s'intitule « ministre de la parole de Dieu au dit lieu de Bons » (1574-1585).

En 1589, les Bernois, aidés par les Genevois, envahirent de nouveau le Chablais ; mais ils en furent bientôt chassés par le duc Charles-Emmanuel, qui se jugeant dégagé de la promesse faite par son père, rappela les curés dans le pays et n'y toléra plus que trois ministres, ceux de Nernier, de Tully et de Bons. Celui qui occupait alors le poste de Bons, Hugonin Vitte ou Vittoz, eut pour successeur un Nicolas-Jacques Perrodet (1595-1598). Si l'on en croit M. Claparède, Perrodet fut, un jour, tué ou tout au moins blessé par un soldat qui le frappa de son coutelas, sur la tête, comme il venait de visiter un malade.

Après la restitution de 1567, bien que le Chablais continuât de pratiquer le culte réformé, l'évêque ne laissait pas de nommer dans chaque paroisse un curé *in partibus*, qui avait, en vertu de son titre, le droit de percevoir les revenus non aliénés par les Bernois. C'est ainsi que R^d Louis d'Arenthon, plébain de Thônes, en 1560, et R^d J.-F. Critain, en 1575, s'intitulent curés de Bons.

R^d Claude Gay qui fut pourvu de ce bénéfice le 2 décembre 1589, n'y séjourna pas longtemps ; comme ses confrères, il dut s'enfuir devant les incursions des Genevois qui, durant les trois années suivantes, ne cessèrent de ravager notre malheureux pays. Peu après (1594) François de Sales venait s'installer aux Allinges, et par l'ascendant de son éloquence, de sa sainteté et de ses héroïques vertus, il réussissait à ramener les Chablaisiens dans le giron de la véritable Eglise.

Le 6 septembre 1597, les habitants de Bons virent avec étonnement une longue file d'hommes précédés de la croix et suivis par leur Apôtre, traverser les rues de leur bourgade pour se rendre à la solennité des Quarante Heures d'Annemasse. Il est à croire même que nombre d'entre eux, déjà convertis en secret, se joignirent au pieux cortège ; car durant l'été suivant, François de Sales installa un curé à la place du ministre, et le 4 octobre de cette même année, au lendemain des Quarante Heures de Thonon, ce curé conduisait dans cette ville, trois à quatre cents personnes de Bons et de Saint-Didier, qui abjurèrent solennellement l'hérésie et firent profession de la foi catholique.

Voici les noms des chefs de famille qui nous paraissent appartenir à la paroisse de Bons :

Alcin Claude, Artique Antoine, Allex Pierre, Beaux Claude, Beguin Jeanne, Berna Claude, Beysson Etienne, Blanc Jacques, de Bons Elie (noble) ; Bons Jean et Louis, Brassard Vincent.

Candevod (Condevaux) Rolet, Chalande Colet ; Charmot Aimon, Claude, François et Pierre. Chavanne Pernette, Cullod Claude et Pierre.

Daubona Claude, De Compois François, de la Crosa Amed ; Delesclefs Bernard, Claude fils de Claude, François et Pierre. Des Champs Jean et Louise. Ducrest Antoine et Guigues. Dupraz Maurice, Duronzier Bernardon et Jacques.

Gervex Jean, Jeanne et Maurise. Girod Claudine. Janin François. Joseph (1) Claude, Jean-François et Noël. Lamod Antoine et Claude. Lebat Etienne. Lullin François.

Novacelle Guillaume, Perrod Abraham, Claude l'aîné, Claude et Michelle. Pittod (Puthod) Louis. Portier François et Jeanne, Prevond Gaspard. Prox Nicolas. Puthod Françoise.

Roch Pernette. Séchaud Antoine, Claude, Claude, Jean et Bernarde. Tissot Antoine, François et Pierre. Thomas Maurise. Truffat Barthèlemy et Girard. Vacheran François.

Au total 71 chefs de famille, soit la paroisse tout entière, si l'on en excepte la famille Cortagier qui se convertit plus tard (2).

(1) Joseph représente peut-être la famille que les gens du pays appelaient Juset, et que l'on nomme aujourd'hui Juget.

(2) Dans les *Annales Salésiennes* publiées à Paris (livraison d'oct. 1911), un auteur, qui distribue à tort et à travers les éloges et les blâmes, accuse les habitants « de Bons et des environs » d'avoir attaqué avec furie S. F. de Sales, un jour qu'il était monté aux Voirons ; il accuse de plus les nobles de Bons et de Compois d'avoir été « préjudiciables au zèle de François, dans son œuvre de la conversion du Chablais ». Toutes ces accusations sont absolument dénuées de preuves. Sur les 18 paroisses du canton de Douvaine, celle de Bons-Saint-Didier s'en alla des premières

III. De 1598 à la Révolution.

1° R[d] *Jean Mangier* que S. François de Sales installa à la cure de Bons en 1598, avait vu le jour à Vollognat en Valromey, et exerçait, depuis quelques années, les fonctions de curé à Boëge, en Faucigny. C'était un prêtre zélé, un catéchiste infatigable et un bon prédicateur, ce qui lui avait valu l'honneur de prêcher aux Quarante-Heures d'Annemasse.

Mgr de Granier le chargea de desservir, avec Bons, la paroisse de Saint-Didier, dont l'église était à moitié ruinée, ainsi que celle de Saxel, dont la cure était inhabitable : et « parce que Saxel est situé sur une haute montagne » on lui adjoignit un vicaire et on lui assigna un revenu de 150 écus d'or, représenté par la dîme, quelques censes et quatre ou cinq pièces de terre de l'ancien bénéfice-cure (1).

A son arrivée à Bons, M. Mangier trouva la cure et l'église en assez bon état, il dut tout d'abord meubler son église d'autels, de vases sacrés et d'ornements ; ce qui n'était point facile, car les Genevois, par leurs incursions et leurs exactions, avaient ruiné le pays de fond en comble. D'autre part, un jour que les soldats de Genève faisaient une sortie (27 mars 1603), M. Mangier eut le malheur de tomber entre les mains de cette soldatesque qui ne le relâcha probablement que contre bonne rançon. Rendu à la liberté, il s'occupa de récupérer les biens fonds de la Cure ou des chapelles et les censes aliénés par les Bernois. C'est ainsi qu'il acquit, moyen-

— la 4e — abjurer l'hérésie à Thonon ; et parmi ces abjurants figurent nobles Elie de Bons et F. de Compois. La dame de Langin, veuve d'Allinge, s'y rendit elle-même six jours plus tard, avec les habitants de Brens.

(1) S.-F. de Sales se trouvait, le 1er octobre 1611, l'hôte de son ami, le curé Mangier. Il profita de sa halte à Bons pour écrire à la Mère de Chantal, qui était alors en Bourgogne, et à la Sœur de Bréchard, qui la remplaçait à Annecy. Cinq ans plus tard, le même prélat invitait notre curé à Thonon, pour assister à la prise de possession du collège par les Barnabites.

nant 240 florins, de Marie de Bellegarde, veuve de Ne Anselme de Bons (24 déc. 1615) un pré avec la moitié d'une grange que l'abbaye du Lieu possédait jadis à Saint-Didier (1) ; de Claude-Hippolyte Cortagier, une part du pré de la Colombière (28 mai 1616), et de François Duperrier, moyennant 140 florins, ses droits sur une seytorée de pré, situé au Bancet (31 janvier 1617). Comme nous le verrons plus loin en parlant de la chapelle de Saint-Antoine, il fut moins heureux dans ses efforts pour recouvrer les censes de cette chapelle dont il avait été institué recteur,

Le bon curé éprouva un chagrin plus profond en voyant démembrer sa paroisse. Les habitants de Saxel, en effet, après avoir réparé leur presbytère, sollicitèrent François de Sales de leur donner un curé, et le saint prélat pourvut du bénéfice Rd Claude Puthod, auquel il assigna, entre autres revenus, la cense annuelle de 18 coupes de froment à prendre sur les revenus de la cure de Bons (19 avril 1611) (2). M. Mangier, prié de donner son consentement à cette désunion, l'avait

(1) L'abbaye du Lieu, dont on voit encore la belle église à deux cents pas de la gare de Perrignier, était habitée par des religieuses Cisterciennes. Après avoir chassé les Religieuses, les Bernois s'emparèrent des revenus et aliénèrent les biens-fonds. C'est ainsi qu'ils abergèrent la ferme de Saint-Didier, qui comprenait une maison à *trois épues* ou compartiments, une grange, une bouvée et un pré, à M. Claude Hippolyte de Graveruel, qui la revendit le 26 août 1753, à spectable Mathieu Muret et Claude Philippe, pasteurs calvinistes. Muret rétrocéda sa moitié à Ne Anselme de Bons pour 50 fl. et charge de payer à S. A. la cense de 10 florins ; et Alaise Robert, veuve de Claude Philippe, la sienne à nobles Bernard, Claude-Hippolyte-David et Jean-Jacques, feu Guy Cortagier, frères. (27 nov. 1753. Roch, notaire) Cette grange était située le long du chemin qui va de Bons à Saint-Didier.

(2) Cette redevance, les curés de Bons ne la payèrent qu'en rechignant Elle fut réduite à 30 florins, soit à 20 livres par sentence arbitrale du 30 avril 1648, à 12 livres 9 sols en 1729, par accord entre M. de Livron, curé de Bons, et Rd Girod, curé de Saxel. Mais celui-ci, se repentant d'avoir passé cet accord, eut le tort de refuser les 24 livres 18 sols que M. de Livron lui envoya, le 9 août 1731, pour deux années de pension. Prenant acte de ce refus, les Curés de Bons cessèrent dès lors de payer la pension, en disant que les Curés de Saxel possédaient un revenu très suffisant, et que par là même, la redevance en question devenait caduque.

accordé, le 18 décembre précédent; mais il l'avait fait à contre-cœur, parce qu'il prévoyait que les habitants de Saint-Didier, qui se préoccupaient de restaurer leur église, ne tarderaient pas d'obtenir à leur tour leur séparation : ce qui eut lieu, en effet, sept ans plus tard (1er juin 1618).

Ce dernier évènement, bien qu'attendu, fut, ce semble, pour notre curé un coup fatal. Quelques jours après (26 juin), se sentant frappé à mort, il dicta ses dernières volontés au notaire Anselme Dupra. Il déclare d'abord qu'il choisit sa sépulture devant le maître-autel de Bons ; puis il fait divers legs : à l'église de Bons, il lègue sous charge d'une messe par semaine, le pré Bancet qu'il avait rédimé ; à l'église de Saint-Didier, en augmentation du service divin et sous charge de deux messes hebdomadaires, la grange de l'Abbaye du Lieu avec le pré adjacent, un autre pré dit au Prière et un chenevier sis derrière la cure ; aux Barnabites et aux Capucins de Thonon ainsi qu'aux Clarisses d'Evian, à chacun cinq coupes de froment ; à son filleul, noble Jean de Bellegarde, un poulain ; à messire Jean-Antoine Mangier, curé de Boëge, et à Claude et Antoine Mangier, ses frères, à Mre Janus Guillaume, à Jean, Claude, Amed, Jeanne et Louise Guillaume, ses neveux et nièces, à M. Branche et J.-F. feu Claude Pernet, son parent, tous les meubles et obligations qu'il possède en Chablais ; enfin il nomme héritiers pour ses biens de Vollognat, les enfants de Pierre et de Jean-Antoine Mangier, ses autres frères, leur substituant la chapelle de Saint Jean-Baptiste par lui fondée dans l'église du lieu. Parmi les témoins de ce testament, figuraient Me Mauris Pernet, notaire et Bernard Deleselefs.

Le 4 juillet suivant, le testateur rendait son âme à Dieu; le lendemain on l'inhumait devant le maître-autel. Dans l'acte mortuaire on déclare que le défunt avait été pendant sa vie « exemplaire, grand catéchiste, ennemi juré de l'hérésie ». On sait notamment qu'il assistait régulièrement au synode annuel, qu'il eut le bonheur de posséder saint François de Sales deux ou trois jours à sa table, à la fin de l'été de 1611, et qu'il fut un de ceux que le prélat convoqua à la prise de possession du collège de Thonon par les pères Barnabites (10 avril 1616).

M. Mangier était un fervent apiculteur. Il partagea, en effet, en mourant, trentre-quatre ruches d'abeilles, entre les curés de Bons et de Saint-Didier, pour les aider à tenir la lampe du sanctuaire et les cierges de l'autel. Il avait eu pour vicaires RR. Cl. Deffoug (1608), César Baudet (1611-1612), Janus Guillaume (1617), N. Ronzier (1618).

2° *Claude de Cheynel* (11 avril 1619-1640).

M. Mangier eut pour successeur un prêtre distingué R[d] *Claude de Cheynel*, fils de Benoit de Cheynel, de Saint-Martin-de-Bavel (Ain).

Nommé économe au concours tenu le 29 août 1618, Cheynel prit possession du bénéfice le onze avril suivant, en vertu de bulles papales du 27 février.

Le nouveau curé était maître ès-arts, c'est-à-dire capable d'enseigner les humanités et la philosophie, et docteur en théologie. Avant d'être pourvu de la cure de Bons, il avait été aumônier de Louis XIII, roi de France ; puis il avait occupé successivement les cures des Abergements et de Sacconex.

Le 24 septembre 1624, Mgr Jean-François de Sales, frère et successeur du Saint, fit la visite de la paroisse. Dans le procès-verbal qui en a été dressé, on voit que le curé de Bons était tenu de célébrer, chaque semaine une messe basse le lundi, une le vendredi et deux autres fondées par M. Mangier ; que le dimanche, il devait réciter les prières pour les trépassés, chanter la grand'messe et faire le catéchisme ; et qu'à la mort de ses paroissiens, il allait faire la levée du corps à domicile.

Son habitation comprenait quatre *membres*. Elle était entourée de deux celliers, d'une étable, d'un

jardin et d'un chenevier, d'une fossorée chacun, le tout clos en partie de murailles et confiné du côté de la montagne, par le cimetière, du côté du lac, par le pré des nobles Cortagier. Outre la dîme payable à la cote onze, il percevait la cense annuelle de 22 coupes de froment, mesure de Langin, 3 ou 4 florins et le revenu de quatre ou cinq pièces de terre, notamment de celles qu'avait rédimées son prédécesseur.

Parmi les injonctions faites par le prélat, nous signalerons l'ordre donné au curé d'ériger la *boîte des âmes*, de bénir les *tèches* soit la récolte et de rédimer les biens aliénés par les Bernois. Aux paroissiens, il enjoint d'acheter quatre chapes, de recouvrir le sanctuaire et de faire fermer les fonts baptismaux.

L'église possédait trois chapelles, savoir : celle de Notre-Dame, celle de Saint-Antoine et celle des Onze Milie Vierges. Nous en reparlerons plus loin.

A la fin de la visite, les paroissiens exposèrent à Sa Grandeur que pour être préservés de la peste, ils avaient fait vœu de solenniser chaque année la fête de Saint Sébastien, 20 janvier, comme le dimanche, et le prièrent d'approuver ce vœu ! Ce qu'Elle leur accorda volontiers.

M. Cheynel avait, à cette époque (1623-1624) par devant le Sénat de Chambéry, un procès avec les prêtres de la Sainte-Maison de Thonon. Ceux-ci lui réclamaient la pension annuelle de 160 florins que le vicaire général Claude d'Angeville avait, lors du rétablissement du culte, assigné à Sainte-Maison sur la chapelle de Saint Antoine, et que le curé Mangier avait, disaient-ils, toujours payée. M. Cheynel demanda qu'on lui fournît la preuve de la dette ; mais on ne put la découvrir dans les Archives de l'Evêché, et R[d] d'Angeville, appelé en témoignage, déclara qu'il n'avait aucun souvenir de cette ordonnance.

Le 14 mars 1632, les frères Pernet cédèrent à M. Cheynel une demie seytorée de pré en Colombière, au midi du pré de noble Philibert de Bellegarde, sous charge de deux messes par mois ; et par acte du 24 novembre suivant, reçu par le notaire Duperrier, noble Philibert de Bellegarde, lui vendit une maison et une grange à quatre *épues* au lieu dit chez Genod, avec une pose de terre et trois seytorées de pré à la Colombière : la vente ou promesse de vente fut faite moyennant la somme de 1.400 florins ou sept annuités des censes de la chapelle Saint-Antoine.

M. Cheynel acheta encore de dem[lle] Antoine du Crest, veuve de noble Jacques de Bons, une grange de trois *épues*, sise devant l'église du lieu jouxte le cimetière, de bise, et la maison des frères Cortagier, du lac (9 juillet 1633, Samuel Guyot, notaire) ; et offrit plus tard cette grange à ses paroissiens en dédommagement de l'ancienne grange du bénéfice dont il avait négligé l'entretien. Mais les paroissiens refusèrent le marché et les héritiers du curé durent leur verser la somme de mille francs.

M. Cheynel s'essayait parfois à la poésie. Après avoir rédigé l'acte de décès de dame Louise de Pougny, femme de noble Michel Dufresne, morte le 4 mars 1635, il inscrivit sur le registre le quatrain suivant :

Confite en piété, dévote en sa prière,
Immuable en sa foi, charitable en ses faits,
Semblable aux vrays chrétiens de l'Eglise première,
Elle en avait toujours les traits et les attraits (1).

Le bon curé avait pour domestique un de ses compatriotes, Claude Quirieu, surnommé Curiau. C'était un mauvais sujet qui essaya plusieurs fois d'étrangler son vieux maître et « lui rompit, un jour, un gros baston sur la teste » (2).

(1) La défunte, ainsi que ses deux sœurs, avait été convertie grâce à sa grand'tante, Esther d'Haraucourt, veuve de Josué d'Allinge. On trouvera plus loin des extraits d'une épitaphe en vers que M. Cheynel consacra à cette dernière.

(2) Quirieu épousa plus tard (1646), une Suzanne Dupraz, veuve Charmot. « Il était, dit le registre paroissial, supporté contre toute raison par la dame du lieu. »

M. Cheynel mourut en décembre 1640.

Il avait, cinq ans auparavant (21 janvier 1636) vu mourir pieusement dans sa cure, son frère Thomas (Reg. par.).

Voici le nom de ses vicaires : Claude Guy (1619-1621); F. Calliet (1622-1626); Cl. Richard (1626-1627); Gaspard Falconnet (1629) ; Jean Guillaume (1639) ; J. Balmes (1639-1650).

R[d] *Jacques Gentil*, de Jonzier, en Genevois, docteur en théologie (8 janvier 1641-1652). Voici les principaux actes de son administration : Par acte du 7 février 1646, il achète une pièce de terre de N[e] Anselme de Bons. Le 27 juillet 1647, il cède les quatre-cinquièmes de la dîme de la cure pour l'année courante à Me Jacques Cortagier, châtelain de Langin et Grésy, à discret J.-L. Callies, J.-F. Alley et Claude Destry, pour 96 coupes et demi de froment, 4 muids et 3 coupes de *maicle* (mélange), six coupes et demi d'orge, 4 muids et 1/3 d'avoine, mesure de Thonon, le tout « *vanné et crainté* », 2 coupes de fèves, 50 gerbes de paille, 4 chapons gras, 5 livres de chanvre et 5 charretées de bois (Duperrier, notaire). Le 29 février 1652, R. Gentil échangea sa cure avec le suivant contre une stalle de chanoine à la Cathédrale, et s'en alla demeurer à Annecy, où il fut précédé ou suivi par son frère François, docteur-médecin. Il eut un jour (4 mai 1661) le bonheur de sauver la vie à Mgr d'Arenthon d'Alex. M. Gentil avait pour vicaire un Jean Balmes (1639-1650).

R[d] *Eucher Cochet* de Groisy (29 février 1652-1678). Bien qu'il ne fut pas noble, M. Cochet avait été reçu chanoine en 1651, à la mort de R. Charles de Montfort, en vertu de son titre de docteur en théologie. Peu de mois après sa prise de possession de la cure, il fit construire un porche devant l'église. Le 25 juillet 1662, R. Cochet, archiprêtre et curé de Bons, acense à Etienne, feu Hippolyte Séchaud, résidant aux Charmottes, la dîme de la corne de la Corbaz pour une coupe de froment, 1 quart de fèves, 8 quarts d'avoine et une coupe de *maicle*, mesure de Thonon (1).

L'année suivante (18 novembre), il reçut la visite de Mgr Jean d'Arenthon d'Alex. Parmi les assistants le procès-verbal signale G[me] Delesclefs et Antoine Séchaud, syndics, noble Antoine Buffle, Me Jacques Cortagier, Claude Ducré, J.-L. Bellamy, Etienne de la Croix, Claude Charmot, Claude Blanc, Bd Dubouloz, Me Bernard Decompoix, N. Besson, Nicolas Caillet, etc., tous habitants du lieu. Les revenus et les charges du curé sont les mêmes qu'en 1624. Il doit entretenir le couvert du sanctuaire, la lampe ardente devant le Saint-Sacrement au moyen de la cueillette d'huile qu'il fait chaque année, fournir le cierge pascal et le luminaire. M. Cochet promet en outre de tenir un vicaire, à la condition que les paroissiens payeront la prémice à raison d'un quart de froment par feu.

De leur côté les paroissiens doivent entretenir le clerc, le marguiller, les cordes des cloches et le toit de l'Eglise. L'inventaire du mobilier nous prouve que la sacristie était fort pauvre : un tabernacle avec personnages, un calice en cuivre blanc argenté, une pixyde d'étain, une custode de cuivre, une grande croix de même métal, 4 nappes d'autel, 3 ornements sacrés, dont deux presque usés, une chape noire en soie, une aube, six corporaux, 15 purificatoires, 4 voiles pour le calice, 2 chandeliers de laiton, 2 en bois et un encensoir. Aussi l'Evêque ordonne-t-il aux paroissiens d'acheter un calice d'argent, une pixyde d'argent, 3 aubes, 3 nappes d'autel, 2 de communion, 1 surplis, 1 missel, 2 burettes d'étain, et de faire construire 2 chaires, dont l'une pour le prône.

Mais si le mobilier était pauvre, l'église et le clocher

(1) Le 12 juillet 1676, il acensa toute sa dîme à Gaspard Pernet, Cl. Granier et Cl.-L. Séchaud, pour 87 coupes de froment, 184 coupes de blé, 6 coupes de fèves, 1 muid de messel, 4 muids d'orge et meicle, 3 d'avoine, une coupe de lentilles, 50 gerbes de paille, 5 chapons gras et 5 charretées de bois (Mogenier, N[re]).

se trouvaient dans un état pire encore. C'est pourquoi l'Evêque ordonne de refaire à neuf le chœur ainsi que le clocher, et, en attendant, de plâtrer et de blanchir l'église, et de détourner le « cours d'eau qui descend contre l'église et vient la ruiner ». Il engage d'autre part le curé à rédimer les biens de l'ancienne cure aliénés par les Bernois. Docile à ces avis, M. Cochet obtint du Sénat des lettres de jussion contre ceux qui détenaient ces biens (5 août 1664) : ce qui décida N[es] Isaac et Joseph Cortagier à lui céder, moyennant cent florins, les deux tiers du pré de la Grange du Lieu (10 décembre), et Me Josué Pernet, châtelain de Langin, Françoise Bartholet, veuve de Me Pierre Pernet et Andréanne Fege, veuve de Me Daniel Duperrier, à lui relâcher le pré de la Colombière pour le prix de 60 florins (22 décembre).

Le Conseil s'occupa, de son côté, à rebâtir le clocher, mais au lieu de le reconstruire au même endroit, c'est-à-dire à côté du sanctuaire, on l'éleva à l'entrée de l'église. Les travaux commencés dans les premiers jours de juillet 1671, durèrent deux années et coûtèrent 1919 florins. Pour faire face à ces dépenses, on retira 480 florins du reste des *étapes* que l'on fut prendre à Bonneville, 126 florins donnés par le marquis d'Allinge, et le reste fut versé par les communiers solvables que l'on taxa suivant leur fortune, à 20, 15 ou 10 florins par tête. Les murs de cette tour, d'une épaisseur de 1 m. 65, étaient reliés par du mortier tellement solide, que lorsqu'on résolut, il y a quelque douze ans, de les démolir, on fut obligé de recourir à la poudre. C'est à cette épaisseur de murailles et aux fenêtres jumelles à plein cintre que ce clocher dut l'honneur d'être rangé par certains archéologues parmi les monuments de l'époque romane. La tour, à peine achevée, on la surmonta d'une flèche (1).

(1) Le clocher fut fait par Michel Berthet et Cl.-Jacques Vuarambon, du Villard, maîtres maçons, et par Claudy et J.-J. Evrard, P. Trolliet et Ph. Vuargnoz, charpentiers.

M. Cochet ne jouit pas longtemps de la vue de son beau clocher : il mourut, en effet, plein de jours et de mérites en juillet 1678.

Deux ans auparavant Mgr d'Arenthon d'Alex, qui se connaissait en hommes, le signalait au duc de Savoie parmi les curés excellant le plus en piété, doctrine et talents (Fleury — Histoire de l'Eglise de Genève, tome II. p. 461).

Par acte du 5 mars 1672, le défunt avait donné 800 florins aux Lazaristes d'Annecy, à charge pour eux de prêcher une mission, dans la paroisse de Groisy, tous les sept ans, durant 3 semaines (*Ac. Sal.* tome 37), et par un acte postérieur il avait donné à la paroisse de Bons pour aider au payement du marguiller, la teppe et le bois châtaigner de deux poses situé lieu dit Berlex, à la Tattaz, qu'il avait acquis en 1667 et 1676, avec un pré d'une pose en la Colombière, procédé des Callier (Peillex, notaire).

Il eut pour vicaires RR. N. de Marninge (1665) ; N. Bourgeois (1666-1667) ; N. Voisin (1678).

R[d] *Claude Gentil* (29 juillet 1678-1701). Le nouveau curé remplissait auparavant les fonctions de directeur de l'Œuvre dite la Charité, à Thonon. Nommé d'abord économe, il fut pourvu du bénéfice par bulle du 16 septembre suivant.

Il l'occupait depuis une année, lorsque Mgr d'Arenthon d'Alex vint pour la deuxième fois faire la visite pastorale (1er juillet 1679). Le curé délare que si, pour sa commodité à lui et pour le service des pauvres de la Charité de Thonon, il tient un vicaire, il n'y est point obligé ; mais il prendra l'engagement de le maintenir pourvu que les paroissiens lui payent un quart de froment par feu pour la prémice : ces derniers n'agréèrent pas la proposition, et le curé renvoya son vicaire, R[d] Nicolas Benoit.

Le prélat, après avoir recommandé fortement au curé de « tenir les petites eschölles », c'est-à-dire de faire la classe aux enfants, renouvelle aux communiers, l'ordre de rebâtir le chœur de l'église et de clore le cimetière.

Parmi les témoins de la visite, le procès-verbal énumère le châtelain Jacques Cortagier, Amed Callies, maîtres Jacques Frézier et Joseph Cortagier, discret J.-B. Duperrier, J.-P. et G[d]. Pernet, J.-C. Cortagier, Et. Prevond, J.-L. Truffat, etc.

La visite terminée, Mgr donna encore la tonsure à noble J.-L., fils de feu noble J.-L. Perret, de Rumilly.

Les ordonnances de l'Evêque furent fidèlement observées. Les paroissiens se hâtèrent de rebâtir le chœur de leur église dont la première pierre fut posée le mardi, 9 juillet 1680, sur les huit heures du matin (1), et d'entourer le cimetière d'une muraille (1685).

Mgr d'Arenthon vint à Bons, pour la troisième fois, le 13 septembre 1699. Cette visite mentionne une nouvelle chapelle dédiée à Saint Clair et Saint Symphorien; les confrères du Saint-Sacrement y tenaient leurs réunions.

M. Gentil, en sa qualité de recteur de la chapelle Saint-Antoine, eut avec le Seigneur Saint-Cergues, un long procès dont nous parlerons lorsque nous ferons l'historique de cette chapelle.

Durant son rectorat, des religieux Lazaristes vinrent par trois fois prêcher la Mission : 13 février - 8 mars 1684 ; 29 janvier - 18 février 1691 ; 4 - 6 mai 1698.

Il mourut le 23 mars 1701, et fut inhumé le lendemain dans le chœur de l'église. Il était natif, croyons-nous, de Notre-Dame de la Gorge ; car nous le voyons, en 1696, passer procure à son neveu, « R[d] François Gentil, de Notre-Dame de la Gorge, habitant à Bons », pour régler un différend avec le curé de Brenthonne.

(1) Le prix fait en fut donné pour 1942 florins de Savoie (25 juin 1679, Pelliex, N[re]), à Michel Berthet et Claude-Jacques Vuaranbon, maîtres maçons, lesquels cédèrent la continuation de l'œuvre à G[d] Machillier et F. Mouchet.

R[d] *Antoine-Melchior de Cornillon* (1701-1705). Né en 1642, dans la Maison forte de Meyrens à Reignier, de noble Charles-Philibert de Cornillon, seigneur de Neyrens, et de Marie-Constantin de Magny, Antoine-Melchior occupait, depuis quelques années, une stalle dans la Cathédrale d'Annecy et le bénéfice de Marlens, lorsqu'il fut transféré par le Pape à la cure de Bons (5 août 1701).

Il ne la posséda que peu de temps, car il mourut le 15 avril 1705, dans sa 64[e] année. On l'ensevelit le surlendemain dans le chœur de l'église.

Vicaire : J.-P. Girod (1701-1705).

R[d] *J. Charles Pâris*, d'Annecy (25 septembre 1702-1712). Maître en théologie, M. Pâris avait exercé les fonctions d'aumônier de Mgr d'Arenthon d'Alex, puis de Mgr de Rossillon qui lui avait accordé une place dans son Chapitre avec la charge de procureur fiscal. Sa nomination à la cure de Bons, signée à Rome, est du 21 juillet 1705. Mais il l'échangea bientôt contre la cure de Viuz-en-Sallaz qu'il garda jusqu'en 1727, époque où Mgr de Rossillon l'appela auprès de lui en qualité d'Official.

A sa mort (8 novembre 1732), l'Obituaire du diocèse lui consacra un article dans lequel on loue sa science profonde de la théologie et du droit, sa prudence, l'intégrité de ses mœurs, son zèle tant pour la discipline que pour les immunités ecclésiastiques, et sa libéralité envers les pauvres clercs.

Ses vicaires furent : MM. N. Dumont (1705-1706) ; B[d] Bertin (1707-1711) ; J. Burquier (1711).

M. Pâris eut à Bons un digne successeur dans la personne de M. de *Chassey*, curé de Saint-André-sur-Boëge. Clair ou Cléradius de Chassey (8 novembre 1712 - 1724, 5 mai), était fils de N[e] Jacques de Machard et de Philippine de Plonjeon. Durant les douze années qu'il gouverna la paroisse, M. de Chassey se fit admirer par sa bienveillance, sa politesse exquise, sa libéralité envers tous, particulièrement envers les malheureux et les filles pauvres auxquelles il fournissait une dot dans la mesure de ses facultés, enfin par son attachement à son évêque (Obit.).

Par testament du 3 mai qu'il n'a pu signer, il ordonne 200 messes, et institue héritier son frère C.-L. Machard de Chassey. Il avait eu pour collaborateurs RR. Hyacinthe Paccot (1715), et Claude-Vincent, de Monetier (1724).

R[d] *Henri de Livron* (8 juin 1724-1747), appartenait, comme son prédécesseur, à la noblesse ; il était fils de François de Livron, seigneur de Livron-sous-Monthoux, et de Catherine Guilliet de Monthoux, et possédait une stalle au Chapitre de la Cathédrale.

Le nouveau curé avait à peine pris possession de sa cure qu'il eut l'honneur d'y donner l'hospitalité à Sa Majesté Victor-Amédée, premier roi de Sardaigne, qui se rendait aux eaux d'Amphion, accompagné de son fils aîné, Charles-Emmanuel, qui venait attendre sa fiancée, la princesse Anne-Polyxène de Hesse-Rheinfels, et d'une suite nombreuse. Arrivé à Bons sur les dix heures du matin, le roi reçut dans l'après-midi le marquis de Saint-Michel, premier syndic de Thonon, et plusieurs conseillers, venus à cheval pour lui faire la révérence. Le roi et sa suite passèrent la nuit à la cure et repartirent le lendemain de bon matin pour Evian. M. de Livron ne manqua pas de consigner ce fait dans le Registre de baptêmes. On y lit, en effet, ces mots : *Die XI[a] julii in hàc domo presbyterali cum suo filio principe nostro et cum cæteris aulicis et ministris pernoctavit Victor-Amedeus II rex noster (Reg. par.).*

Deux ans plus tard (1726), le roi, retournant aux eaux d'Amphion, s'arrêta de nouveau à Bons où les syndics de Thonon furent à sa rencontre. Sa Majesté leur annonça la naissance d'un petit-fils ; et, pour leur témoigner son allégresse, « il les rafraichit si bien que Messieurs de Thonon revinrent assez tard dans leurs maisons, dans un état qui témoignait éloquemment des largesses du grand-père et roi ». (Jacques Dubouloz, *Ac. Chabl.*, t. 22, p. 40).

Parmi les actes administratifs de M. de Livron, nous citerons les suivants : Il acense le pré de la Grange du Lieu à Nicolas Charmot (1725-1743) ; à Antoine Charmot, la dîme de la Corbaz pour cinq écus et demi patagon, un chapon, une charretée de bois et un voyage à Livron (1741) ; à Etienne de Compois, la corne de la dîme de la Barbelousaz moyennant la cense de quarante-un écus et de six livres de sucre (27 juin 1745) ; à Mre Gurliat et consorts, la dîme de Marclay, moyennant la cense de trente écus et de six livres de sucre (18 juillet 1746).

M. de Livron mourut à Annecy, le 8 juin 1747, vingt-trois ans jour pour jour après sa nomination, et fut inhumé dans le chœur de l'église des Cordeliers.

Il avait eu pour vicaires : R^ds Jean Démolis, de Menthonex-en-Bornes (1725-1731) ; Pierre-Joseph Cachat, « fort sage et édifiant » (1732-1738), et Maurice Bidal (1738-1747).

R^d *Jean-Claude Gazel* (12 juillet 1747-1777), né à Cruseilles le 25 mars 1718, fils de Claude Gazel. Ce prêtre éminent, aussi recommandable par l'aménité de son caractère que par l'étendue de ses connaissances, n'a pas laissé beaucoup de traces de sa longue administration. En 1751, il fit donner, par les pères Lazaristes, une Mission dans la paroisse. Il eut, peu après, un différend avec le curé de Brens au sujet des limites de leur dîmerie respective. Ce dernier prétendait avoir seul le droit de dîmer la corne de chez Burgniard, laquelle avait pour confins les Voirons au levant, la commune de Langin, et la tatte des Bettières, du vent, la maison des Blancs à l'ouest, et la dîme de Bons, de bise. Le curé de Bons disait au contraire que cette corne était toute entière sur sa paroisse, de même que les maisons des Milliet, des Mamburier et des Cullaud qui dépendaient de Brens pour les fonctions civiles ;

que par suite il devait y percevoir les novales. Il disputait en outre une langue de terre devant le hameau de Choulex, plus le hameau de Vessonex.

Après de longues discussions une transaction intervint le 28 septembre 1757. On adjugea à M. Gazel les novales cadastrées sur la mappe de Bons ; au curé de Brens celles de Brens avec les terres contigues aux maisons des Milliet, des Cullaud et des Mamburier et le chenevier de M. Rebut à Vessonex. Mais le reste du territoire de Vessonex ainsi que le territoire des Murailles et de la Leppaz seront dîmés par le curé de Saint-Didier, dont la dîmerie sera limitée, du côté du vent, par le chemin tendant de Vessonex aux communaux de Brens.

Le 10 juillet 1768, Mgr Biord visitait la paroisse. Celle-ci comptait alors 500 âmes réparties entre 120 feux. Outre le clos de la cure le curé possédait deux petits prés au Bancet soit au Praly (N° 1606 et 1613 de la mappe), un pré à la Grange du Lieu (N° 1623), un à la Colombière (N° 1616), un au Marais (N° 1144), quatre poses de broussailles en Rottey soit bois Saint-Pierre (N° 8), un champ en pierre paye N°s 858, 859 et 867), un autre à l'Eselit (N° 836) plus une teppe au Planbons (N° 349).

Il percevait la dîme du vin à la cote 16, et celle des céréales à la cote onze, soit de onze gerbes l'une. La dîmerie était confinée comme suit : la cîme des Voirons au levant, la pierre percée virant droit à la montagne et contre le lac, de bise soit du côté de Vigny, le nant des Boisats et le champ dit la Monia, du lac ; enfin le nant de Beiry et le chemin tendant directement dès le dit nant jusqu'au devant des maisons de Cholex jusqu'à la pièce dite l'Osée (N° 1675), qui est comprise dans la dîmerie, ainsi que les N°s 1292, 1303 de la mappe de Brens, au midi.

Le curé dîmait, en plus la corne de Chavanes, renfermée entre la cîme des Voirons, les communaux de Langin et le nant de Molliesat. Il percevait aux mariages 24 sols ; aux sépultures le drap, la serviette, le luminaire et 8 livres 8 sols pour l'annuel ; mais il devait faire les stations tous les dimanches et quatre services solennels.

Parmi les fondations de messes, nous signalons 18 messes basses pour le curé Mangier, 4 services annuels pour Jacques d'Allinge, marquis de Coudrée, qui a donné dans ce but les noyers de la place de la halle, 1 grand'messe et 2 messes basses pour Rd J.-B. Milliet, curé de Veyrier-sous-Salève, 4 messes basses pour R. Jacques Gentil, autant pour Rd Decompoix, curé de Lugrin.

L'ensemble des revenus du curé, d'après l'intendant Pescatore, s'élevait à 1.400 livres, chiffre respectable pour l'époque. Il ne faut pas oublier toutefois que le curé devait entretenir un vicaire à ses frais, fournir le luminaire de l'église et le cierge pascal, assister les pauvres, entretenir le toit du sanctuaire, etc.

Il y avait dans la paroisse deux confréries ; celle du Saint-Sacrement et celle du Rosaire ; la mission se donnait tous les cinq ans.

Etaient présents à cette visite Jean Charmot, syndic, Antoine Séchaud et Louis Duperrier, conseillers ; Maurice et Joseph Cortagier, Guillaume-Joseph Gentil, châtelain, Jacques Truffat, secrétaire ; spectable Pierre Duperrier, avocat au Sénat et une foule d'autres communiers.

M. Gazel occupait le bénéfice de Bons depuis trente années, lorsque, désirant se rapprocher de son pays natal, il obtint la cure de Collonges-sous-Salève, qu'il garda jusqu'à la Révolution avec le titre d'archiprêtre de la Côte du Salève. Forcé à cette époque d'émigrer malgré ses 75 ans, ce bon vieillard se rendit d'abord à Lausanne, puis en Piémont, où il eut tellement à souffrir qu'il résolut de revenir incognito à Cruseilles, chez un neveu. Il y expira peu après son retour, le 31 janvier 1798 et fut inhumé dans le chœur de l'église, puis transféré du côté de la chapelle de Saint-Joseph où l'on peut lire la belle épitaphe que ses neveux ont fait graver. M. Gazel avait eu pour vicaires : J.-M. Vachoux, de Cruseilles (1747-1764) ; Nic. de Saint-Marcel, d'Annecy (1766-1769), devenu plus tard précepteur du futur roi Charles Emmanuel IV et de ses frères ; il fut, en Italie, le protecteur des prêtres émigrés, et mourut pieusement à Annecy, le 21 février 1817 ; enfin Claude Gal, de Saint-Julien (1769-1777).

R[d] *Claude-Marie Fernex* (1777-1793), de Thonon, fils de J.-J. Fernex, notaire. M. Fernex était docteur d'Avignon et occupait depuis cinq ans une stalle au Chapitre de Genève, lorsqu'il fut pourvu de l'économat, puis de la cure de Bons (6 juin 1778).

Un des rares actes que nous connaissons de son administration fut la bénédiction d'une belle cloche qu'il baptisa le 14 février 1791, sous les noms de Thérèse Christine (1).

IV. La paroisse pendant la Révolution.

A l'époque où M. Fernex devint curé de Bons, la Franc-Maçonnerie, naguère importée d'Angleterre, les théories sociales de J.-J. Rousseau et les scandales de la cour de Louis XV allaient déchaîner sur la France une tempête effroyable qui devait emporter le trône et l'autel, tempête dont les ravages ne tardèrent pas à se faire sentir dans notre petite patrie.

Le 22 septembre 1792, avant toute déclaration de guerre, le général Montesquiou envahissait la Savoie et faisait voter nos populations sur leur sort. Celles-ci émettant leurs suffrages sous la protection des baïonnettes françaises, votèrent en masse pour la France, tout en réservant le maintien de la religion.

(1) Cette cloche eut pour parrain le marquis de Coudrée et, pour marraine, la dame Radicati de Coconato : elle pesait 1442 livres de Genève. « L'on a payé au fondeur 20 sols la livre de cuivre neuf y compris la façon, et 6 sols par livre pour la façon du cuivre vieux, soit de la vieille cloche, laquelle ne pesait que 432 livres L'on a payé séparément les ferrures, qui ont coûté 120 livres 8 sols. »

Sans tenir compte de cette réserve, les députés des communes, réunis à Chambéry, décrètent la confiscation de tous les biens du clergé, ainsi que des fondations pieuses, réunissent de leur propre autorité les quatre diocèses de Savoie en un seul et mettent à la tête de ce diocèse, l'intrus Panisset (17 février 1793).

Huit jours avant cette élection scandaleuse avait été publiée dans le pays la *constitution civile du clergé*, qui obligeait tous les prêtres employés au service du culte, à prêter un serment schismatique sous peine d'exil ou de déportation.

A l'exemple de l'immense majorité de ses confrères, le curé de Bons refusa noblement de trahir son devoir(1), et, le 24 février, il prenait le chemin de l'exil. Il ne paraît pas qu'il soit jamais revenu dans la paroisse. Lorsque la paix religieuse fut rendue à la France, il se retira à Saint-Jean-de-Maurienne où il mourut le 20 octobre 1820 après avoir fait un legs considérable à l'hôpital de Thonon.

Son vicaire R[d] J.-P. *Noiton,* de Rumilly, émigra de son côté en Val d'Aoste où il exerça quelque temps les fonctions pastorales (2).

Après leur départ, les paroissiens de Bons demeurèrent deux ans et plus sans culte public. Les rares prêtres restés cachés dans la région, étaient traqués par le gouvernement comme des bêtes fauves ; et ceux

(1) Le 13 février 1793, il signe, avec quinze de chanoines, ses confrères, une déclaration aussi nette que vigoureuse, en réponse à la proclamation de la Constitution civile du Clergé.

(2) M. Noiton n'émigra que vers la fin de mars. La tourmente passée, il fut curé de Menthonnex-en-Bornes, 1803, puis de Fessy, 1809-1829. M. Fernex, avait eu, avant lui, quatre vicaires, savoir : MM. Claude Gal, de Saint-Julien, 1769, mort curé de Monetier ; Louis-Philibert Lallier, 1777 ; J.-P. Mouchet, de Boëge, 1781, et Philibert Simond, de Samoëns, de mars à fin mai 1765. Ce malheureux, après maintes fredaines, se sauva à Strasbourg où il fut élu président du Club des Jacobins, puis député à la Convention nationale. Revenu en Savoie avec le titre de Représentant du peuple (1793), il y organisa la Révolution : ce qui ne l'exempta point d'être, l'année suivante, condamné par le fameux Robespierre à mourir sur l'échafaud, avec Chaumette et dix-sept terroristes (13 avril 1794).

que l'on parvint à saisir, étaient fusillés comme le furent les abbés Vernaz et Morand, à Thonon, ou l'abbé Joguet, à Cluses. C'était le règne de la Terreur représenté en France par le tyran Robespierre et chez nous par le féroce Albitte.

Pendant ces deux années, l'Eglise de Bons, transformée en magasins, reçut en dépôt les cloches volées aux paroisses voisines. Le clocher fut diminué de sa flèche « qui offensait l'œil républicain » et privé de l'une de ses cloches ; les vases sacrés, les ornements, les chandeliers et la croix d'argent ainsi que la bannière — livrés par un traître qui plus tard mourut en impie, — devinrent la proie de la nation, c'est-à-dire des voleurs sacrilèges. De courageux fidèles parvinrent toutefois à sauver les reliques, les tableaux, les statues, la chaire avec les confessionnaux. Quant aux biens de la cure et des chapelles, on les vendit pour un prix dérisoire à des acquéreurs sans scrupule. Enfin un jour on brûla sur la place, plusieurs chariots de titres ramassés dans les châteaux et les communes des alentours, privant ainsi les chercheurs de précieux documents qui auraient permis de reconstituer dans ses détails l'histoire de la contrée. A part, cependant, une ou deux familles, la paroisse de Bons était opposée à la Révolution, et ne consentit jamais à célébrer le fameux *décadi* que les Jacobins essayèrent de substituer au dimanche.

Après la chute de Robespierre et le rappel d'Albitte (août 1794) on sembla respirer. Gauthier, le nouveau représentant du peuple, élargit la plupart des suspects, des nobles et des parents d'émigrés détenus dans les prisons. Un décret du 21 février 1795 semblait même autoriser un certain exercice du culte. Beaucoup s'y trompèrent ; et bientôt une foule de prêtres s'empressèrent de quitter le lieu de leur exil pour venir distribuer les secours de leur ministère à nos populations qui les redemandaient à grands cris.

Un des premiers dont nous constatons le retour, fut

l'abbé Joseph Trincat, d'Evian, qui étant revenu au milieu de ses paroissiens de Brenthonne, eut la charge des fidèles de la Côte. On le voit, en effet. bénir à Rézier, le 15 mai 1795, le mariage de deux personnes de Bons. Trois ou quatre mois plus tard, les vicaires généraux envoyèrent à Bons même, en qualité de missionnaire, un tout jeune prêtre, revenant également d'Italie, l'abbé Pierre-Joseph Rey (Evêque d'Annecy, de 1832 à 1842).

Il était à peine à Bons depuis trois semaines que les gens de Bellevaux inconsolables de ne l'avoir pas gardé avec eux, descendirent pendant la nuit en nombre considérable, le surprirent au lit et l'obligèrent à les suivre dans la montagne. Toute résistance était inutile devant ces hommes déterminés. Cet enlèvement exaspéra les habitants de Bons ; « et si l'autorité ecclésiastique ne fut promptement intervenue, il en serait résulté une collision sanglante entre les deux populations. Ce coup de main qui pouvait être blâmable en lui-même, était cependant trop excusable par ses motifs pour que l'autorité diocésaine n'en respectât pas les résultats » (1). L'abbé Rey fut remplacé, le 24 décembre 1895, par l'abbé J.-P. Mouchet, de Boëge, qui devint plus tard curé de Saint-Cergues, où il mourut en 1813.

L'abbé Mouchet qui vint remplacer l'abbé Rey (24 déc. 1795) se plaint d'avoir trouvé à Bons « une persécution horrible qui ne lui laissait de repos ni jour ni nuit et qui le menaçait des cachots comme elle a déjà fait à tant d'autres missionnaires ; ce qui l'obligeait à s'absenter de la paroisse pendant des deux mois entiers. » Mais les principaux auteurs de cette persécution étaient probablement des étrangers, peut-être des employés du gouvernement, car Bons était alors chef-lieu de canton. Si, en effet, la majorité ou même une partie notable de la population se fût montrée hostile, il est clair que le bon missionnaire n'eût pas tardé à

(1) Voir la *Vie de Mgr Rey*, par le chanoine Ruffin.

tomber entre les mains des sbires et n'eût pu rester quatre ans et plus dans la localité.

A son départ (avril 1800), il fut remplacé par l'abbé Magnin, de Neuvecelle, qui desservit la paroisse jusqu'à la nomination d'un curé (septembre 1803).

Outre MM. Trincat, Mouchet, Magnin, d'autres prêtres, durant la Révolution, vinrent en cachette au péril de leur vie, bénir les mariages et administrer les moribonds. Nous citerons parmi eux, l'abbé P. Blanc, ex-vicaire de Saint-Cergues, qui, le 17 octobre 1793, bénit, à Rézier, le mariage de Nicolas Cottet avec Marie Gurliat ; Claude-François Rannaud, ancien prieur de Peillonnex (juillet 1794 et février 1795) ; J.-M. Galley du Biot (mai 1799 à mai 1800), et l'abbé Pierre Charmot, de Bons, en l'année 1800.

Avant d'aborder l'histoire de la paroisse depuis le Concordat, nous allons jeter un coup d'œil en arrière et considérer en quel état matériel et moral elle se trouvait lorsque la Révolution vint tout bouleverser.

A part deux ou trois familles, les habitants de Bons, comme ceux de presque toute la Savoie, étaient animés de sentiments chrétiens. La Confrérie du Rosaire comprenait l'immense majorité des filles ; celle du Saint-Sacrement n'était pas moins en honneur parmi les hommes ; les plus notables d'entre eux en faisaient partie. D'après une note trouvée par M. Thorens dans les papiers de la famille Cottet, voici à qui étaient confiés, en 1758, les charges et offices de la Confrérie :

Prieur : Henri Cortagier, châtelain de Langin. *Sous-prieur :* Jacques Truffat, notaire. *Porte-dais :* Jacques Truffat, Jean-Claude Cortagier, notaire, Michel Séchaud et Pierre Duperrier. *Suppléants :* J. Challande et J.-B. Decompoix. *Thuriféraire :* A. Pelloux. *Servants de messes :* Claude-Jacques Girod et J. Challande. *Suppléants :* Antoine Séchaud et J. Favre. *Porte-fallots :* Louis Besson, Siméon Séchaud, Fabien Manburier, Nicolas Millet. *Porte-Croix :* F. Gurliat, Antoine

Prevond. *Porte-bâtons :* J.-P. Séchaud, J.-F. Trolliet, J. Charmot. *Portier* : Georges Dubouloz. *Porte-bannière :* Etienne Truffat, Pierre Charmot. *Porte-clochettes :* Jacques Séchaud et F. Janin.

Tous les cinq ans, depuis plus d'un siècle, trois ou quatre religieux Lazaristes venaient donner des exercices religieux qui se prolongeaient durant trois semaines et ravivaient le feu sacré. Inutile de dire que les revenus de cette *Mission* furent volés par la Nation (1).

Il en fut de même des biens de la cure. Celle-ci possédait, en 1730, les fonds suivants : un jardin contenant 362 toises (N°s 412, 413 et 415 de la vieille mappe) ; un pré de deux journaux à l'Apraly (N° 1606) ; deux autres à la Colombière, contenant 833 toises ; un autre à la Grange du Lieu, de deux journaux 338 toises (N° 1623) ; un fort journal de terre à Sarmand (N° 1724) ; une teppe et douze journaux de bois de haute futaie, lieu dit au Rotty et bois S. Pierre (N° 8).

Le pré d'Apraly fut acheté de la Nation par François Vaucher, qui en revendit une moitié à Etienne Charmot, et l'autre moitié à Claude Truffat.

L'un des prés de la Colombière (N° 1613) fut acquis par André Séchaud ; et l'autre (1616), par Jean Hudry.

Le bois de Saint-Pierre fut considéré comme propriété communale et ne fut pas vendu. Au reste un décret de Napoléon III du 4 août 1862, reconnut les curés de Bons légitimes propriétaires de ce bois.

Quant à la cure, elle fut réservée pour servir de lieu de réunion au comité de salut public. Elle fut restituée aux curés de Bons par l'arrêté dn 7 thermidor an XI.

En 1789, le clocher de Bons demandait des réparations urgentes ; l'église, par contre, était en assez bon état. Elle possédait deux ou trois chapelles dont nous allons faire l'historique.

(1) De cette fondation nous n'avons trouvé ni l'auteur ni la date ; mais nous pensons que la paroisse en devait le bienfait à M. le curé Cochet, mort en 1678, après avoir fondé une mission à Groisy, sa commune natale. La première fut, croyons-nous, celle que les PP. Perront, Devillerval et Legay donnèrent du 13 février au 8 mars 1684.

V. Histoire des Chapelles de l'église.

Avant la Réforme, l'église de Bons possédait, avons-nous dit, six chapelles. Deux d'entre elles, celles du Saint-Esprit et des saints Georges et Claude, ne furent point relevées à l'époque de la conversion du Chablais ; les autres étaient les suivantes :

1° Chapelle de la Vierge

Cette chapelle, située à droite en entrant, fut fondée tout d'abord, croyons-nous, par noble Rodolphe de Langin, sous le vocable de N.-D. de Pitié (1381-1406) et devint plus tard la chapelle de l'Annonciation.

Parmi ces recteurs nous citons : RR. Henri Chalouz, (1412) ; Pierre Calet (1437-1443) ; Nicod de la Pierre (1482) ; François de Gleyrens, qui la résigna en 1505 pour entrer en religion ; Antoine Grassi, en 1505 ; Pierre de Bons (1511) ; Claude de Lornay (1513) ; Amed de Guasquis (1518) ; Aimé Amblet (1544).

Mgr J.-F. de Sales l'ayant unie au maître-autel en 1624, elle n'eut plus, dès lors, de recteur particulier.

Vers le milieu du XVIIe siècle, cette chapelle se trouvait, comme le reste de l'église, dans un état lamentable : la voûte et le toit menaçaient ruine ; les revenus aliénés par les Bernois, n'avaient point été reconstitués ; elle n'avait plus d'ornements ; aussi, Mgr Jean d'Arenthon d'Alex songeait-il à l'interdire. Mais une pieuse femme, Andréanne Fege, veuve de Me Daniel Duperrier, offrit de la relever. Par un acte du 16 octobre 1664 (Garnier, notaire), elle donne à cette chapelle une pose et demie de terre, lieu dit en Lemard, entre les chemins qui, de Bons, conduisent à Brens et à Langin, plus quatre seytorées de vigne à Cholex, sous charge pour le recteur de célébrer douze messes par année, dont six *pro defunctis*, quatre *de Beata*, aux quatre principales fêtes de la Vierge, une le jour de la St-André, et l'autre à la fête de Saint Jean-Baptiste. La fondatrice promet, en outre, de recouvrir, plâtrer et blanchir la chapelle, d'en refaire la voûte et l'autel, de lui fournir le mobilier nécessaire, savoir trois nappes, trois purificatoires, une chasuble avec son étole et son manipule, un devant d'autel avec son cadre, un voile de calice, une aube avec amict et cingule, enfin un tableau de l'Annonciation avec son cadre. Cette chapelle subsista jusqu'à la Révolution, avec ses charges et ses revenus.

2° Chapelle Saint-Antoine

Cette chapelle eut pour fondateur noble Oddon de Langin, qui lui assigna la rente de 21 coupes de froment, dont huit à prendre sur les moulins que ce seigneur possédait à Machilly, sur la droite du nant de Boringe. C'est dans cette chapelle que choisit sa sépulture noble Louis de Langin, fils unique d'Oddon et fondateur de l'ermitage des Voirons (1463).

Voici le nom de quelques recteurs : Henri Chaloux (1412) ; Etienne Jerroux, *alias* Jorry, simple clerc (1443-1465) ; Claude de Cullata (1465-1480) ; spectable Oddon de Langin, qui n'étant que simple clerc, la fit desservir par R^d^ Humbert Duchêne (1481) ; Antoine Grassi, prêtre ; Rodolphe de Langin (1504), et Oddon de Langin, en 1518.

A l'époque de la conversion du Chablais, Mgr de Granier unit cette chapelle avec ses revenus au maître-autel de Bons et en institua recteur le curé Mangier.

Les moulins de Machilly, sur lesquels le fondateur avait assigné la rente de huit coupes de froment, avaient été donnés en abergement, le 2 janvier 1466, par Claude de Langin à un Pierre Gay, de Juvigny (1), dont les héritiers payèrent fidèlement cette rente aux recteurs de la chapelle, puis aux Bernois. Mais après le départ de ces derniers, ils refusèrent de la servir à Me Georges Bozon, fermier de la chapelle, qui fit

(1) Acte passé aux Granges de Langin dans la maison de Jean Benoit, en présence de noble Pierre de Vigny et de Claude, fils de Pierre de Marclay, Claude du Sougey, notaire.

subhaster les moulins à son profit (1572). Bozon étant mort sans enfants, les moulins échurent à la dame de Langin, qui les vendit, paraît-il, à noble Pierre de Bellegarde. Celui-ci, voyant les moulins en très mauvais état, les démolit, les rebâtit sur la gauche du ruisseau, soit sur le territoire de Saint-Cergues, dont il était seigneur, et refusa de payer la cense due à la chapelle de Saint-Antoine ; ce qui fut imité par ses enfants.

Le curé Mangier réclama et fit assigner, par devant le juge-mage du Chablais, Louise de Bellegarde, fille de Pierre et femme de noble Antoine-Pie Buttioz (1608). Louise nia l'identité des moulins et, se voyant condamnée, en appela au Sénat, qui ordonna une vue de lieu, suivie d'une enquête. L'enquête se fit à Langin, dans la maison de Jean Truffat « hoste au dit lieu », par Claude Durouvenoz, lieutenant particulier en la judicature-mage de Ternier-Gaillard, assisté de Me François Quisard, praticien.

Neuf témoins comparurent les 3 et 4 janvier 1618 : un de Saint-Cergues, Claude Dentan ; trois de Machilly, savoir : Antoine Delaflèchère, Pierre Revilliod, dit Jourdanet, et Claude Lombard ; cinq de Brens, savoir : Claude Ormond, Claude Janin, meunier aux moulins en question, François Janin, Jean Chalon et Jean, feu Maurice Gonty, dit Lombard : tous déposent que le moulin neuf a été construit une trentaine d'années auparavant par le père de la défenderesse, avec les matériaux de l'ancien.

Le curé Mangier étant mort avant la sentence définitive, demoiselle Esther d'Haraucourt, dame de Langin, et Josué, son fils, baron de Larringe, interviennent au procès comme seigneurs du lieu contentieux (11 septembre 1618), et demandent la restitution des moulins ou le payement des laods dûs.

Par arrêt du 19 août 1619, le Sénat condamne noble Buttioz, veuf et héritier de Louise de Bellegarde, à payer aux hoirs du curé Mangier la cense annuelle de huit coupes de froment à partir de l'an 1601 ; à défaut de quoi, il commande de mettre les demandeurs en possession de la terre sur laquelle s'élevait le vieux moulin. Noble Buttioz forma opposition, si bien que le procès durait encore en 1624. Cependant, le curé eut gain de cause, et le seigneur de Saint-Cergues servit les huit coupes en question. Mais la chapelle de Saint-Antoine ayant été démolie en 1680, lors de la restauration du chœur de l'église, le procès recommença. Il se termina, cette fois, par une transaction du 3 mars 1693, entre le curé Gentil et noble François-Ferdinand Buttioz, qui s'engagea à payer pendant quatre ans, pour les censes arriérées, la quantité de 18 coupes de blé mêlé, mesure de Genève.

La chapelle fut rétablie vers le milieu du siècle suivant. En 1768, les revenus étaient encore de 20 coupes de froment et d'une coupe d'avoine ; les charges d'une messe par mois.

3e Chapelle des onze mille Vierges

Cette chapelle doit sa fondation à spectable et généreuse dame Louise de la Palud, veuve de Louis, seigneur de Langin. Par acte du 21 octobre 1467, cette dame déclare que, mue de piété envers Dieu ainsi qu'envers les âmes de son mari et de ses parents défunts, elle veut fonder dans l'église de Bons, en l'honneur des Onze mille Vierges, une chapelle soit autel, et lui assigne pour dot, l'habitation du recteur à louer ou à construire, et le capital de mille florins d'or petit poids, payables cinq ans après son décès par ses fils Claude, Oddon, Etienne, Guigue et Amed.

Le recteur devra célébrer, chaque année, le 21 octobre, un anniversaire, auquel on convoquera cinq prêtres ; et chaque semaine, trois messes basses, plus une grand'messe de *Beata*, suivie du *Salve Regina*, le samedi avec l'assistance de deux prêtres ou de deux clercs. Il devra, en outre, les jours de dimanche et de fête, s'aider à chanter la Messe, les Vêpres, Complies et Matines.

Cet acte fut reçu par le notaire Amed Gogat, de Lully, à Buffavent, autrement dit Ravacho, dans la paroisse de Lully, devant la maison de nobles Etienne et Guigue de Langin, en présence de Mre Jean Mercier, de Bons, prêtre ; d'Alard Rolet et de Mermet Desbois, de Lully ; enfin de Mermet Foucignie, de Langin la Ville ; il fut homologué le 7 décembre suivant par Rd François de Menthon, vicaire général du diocèse et doyen d'Annecy.

Le premier recteur, M. Nicod de la Pierre, de Meynier, prêtre et bachelier en droit, prêta le capital de la fondation à divers particuliers de Brenthonne, de Vigny, de Fessy et de Cervens (1467-1500).

Après lui nous trouvons : Humbert de Chabord qui était en même temps sacristain du prieuré de Saint Victor de Genève (1500) ; Jean de Crestalla (1510) ; Antoine Covet, 1527.

Les revenus de la fondation furent en partie aliénés par les Bernois ; car on les adjugea, l'an 1482, à Me Jacques Poppon pour le cens annuel de 24 florins.

A l'époque de la conversion du Chablais, la chapelle fut rétablie et unie au maître-autel de Machilly sous la charge de six messes basses par année. Mgr d'Arenthon d'Alex, dans sa visite pastorale du 1er juillet 1679, la trouva sans autel ni ornements, et menaça de l'interdire si les patrons ne la meublaient dans l'année. Au lieu de la restaurer, on la démolit (1680) pour la remplacer provisoirement par un autel que l'on dédia à Saint-Clair et à Saint Symphorien.

4° Chapelle de la Sainte-Croix

Enfin la chapelle de la *Sainte Croix* qu'un Pierre des Clets avait fondée en 1499. Plus tard, les descendants du fondateur ne pouvant ou ne voulant point l'entretenir, en abandonnèrent le patronage à M. Daniel Duperrier, châtelain de Langin, qui la fit recouvrir (1635). Mais elle ne tarda pas à disparaître.

VI. De la Révolution à nos jours

La persécution violente, entremêlée parfois d'une certaine accalmie, durait depuis une huitaine d'années, lorsque Napoléon, nommé consul, voyant la France lasse de cet affreux régime, négocia avec le pape Pie VII et conclut l'acte solennel dit le *Concordat*, par lequel la paix religieuse fut rendue à l'Eglise de France.

Mgr de Mérinville, à qui le Souverain Pontife confia momentanément le gouvernement spirituel de toute la Savoie, rétablit la paroisse de Bons et lui unit la paroisse de Saint-Didier (1803). Mais les habitants de cette dernière localité montrèrent tant de répugnance à cette union et tant de générosité pour former par souscription le traitement d'un curé, qu'ils obtinrent bien vite un prêtre résidant au millieu d'eux.

Le prêtre chargé de réorganiser la paroisse de Bons, après la tourmente, se nommait *Gaspard Monnet*. Natif d'Evian, prêtre en 1775, M. Monnet remplissait les fonctions de vicaire à Vacheresse, lorsque la Révolution vint l'en chasser. Il émigra en Piémont, et se fixa à Vigone, près de Pignerol.

De retour en Savoie, il fut nommé curé de Bons, le 14 septembre 1803, et mis en possession le 26, par R[d] J.-F. Magnin, missionnaire du lieu, assisté de MM. Collomb, recteur de Brenthonne, Claude Tavernier, recteur de Fessy, Claude Frézier, maire de Bons, et F. Juget, maire de Saint-Didier.

A Bons, comme dans l'ensemble de la France, la tâche du nouveau curé était ardue. Il fallait tout à la fois restaurer le clocher qui était en très mauvais état, réparer l'Eglise, relever les hôtels, meubler la sacristie totalement dépourvue d'ornements et de vases sacrés, rétablir les confréries, etc., etc. Les paroissiens devaient en plus fournir le traitement du curé que la République laissait provisoirement à leur charge ; or, ils étaient ruinés par suite des exactions révolutionnaires, et malgré toute leur bonne volonté, ils avaient peine à faire face à toutes ces obligations.

M. Monnet se heurta-t-il à quelques difficultés? Nous l'ignorons. Quoiqu'il en soit, après trois ans de séjour à Bons, il obtint de retourner à Vacheresse dont il occupa le bénéfice jusqu'à sa mort.

Un de ses premiers actes, à Bons, fut le rétablissement de la Confrérie du Saint-Sacrement. Il y eut pour vicaire R^d Joseph-Marie Randon, du Lyaud, qui avait été secrétaire de Mgr Paget et qui mourut plus tard chanoine de Belley.

R^d Maurice Michoud, de Saint-Paul (1806-1836). — Prêtre de 1788, M. Michoud était vicaire aux Gets en 1793. Au retour de l'émigration, il fut missionnaire à Thollon (novembre 1795-1803), puis curé de Meillerie, enfin curé de Bons (1806).

Les débuts durent être assez pénibles, il n'avait pas de vicaire, pas de traitement bien assuré. Les temps étaient d'ailleurs difficiles. L'empereur Napoléon, grisé par ses victoires, se mit à persécuter le pape Pie VII qu'il fit emmener prisonnier à Fontainebleau. Vinrent ensuite la désastreuse campagne de Russie, l'invasion de la Savoie par les armées autrichiennes, la famine de 1816-1817, à laquelle succéda, l'année suivante, une épidémie de typhus et de vérole qui moissonna quarante-six personnes de la paroisse.

Enfin se levèrent des jours meilleurs. M. Michoud eut, en 1818, la joie d'obtenir pour vicaire, l'un de ses neveux, J.-M. Michoud ; et le 27 mars 1820, celle de bénir une cloche qui avait été coulée aux frais des paroissiens et qui fut baptisée sous les noms de *Marie-Polyxène*, des noms du parrain Joseph-Marie Thorens, notaire, et de la marraine Louise-Polyxène Rivollat, veuve de l'avocat Duperrier.

L'abbé Michoud, après deux années à peine de vicariat, obtint la cure d'Arâches et ne fut remplacé que dix ans plus tard, par l'abbé Laurent Nicodex, de la Rivière-Enverse. Celui-ci ne fit également qu'un séjour de deux années à Bons, mais il sut, durant ce court espace de temps, susciter la vocation ecclésiastique de trois jeunes gens de la paroisse : MM. Truffat, Duperrier et Cullaud.

A M. Nicodex, qui fut nommé curé de Musiège (1831), succéda l'abbé François Fleury, de Saint-Paul, (1832-1836), décédé, plus tard, curé d'Anthy.

Le curé Michoud, avait, en 1807, vu sa paroisse s'agrandir du hameau de *Chez les Bel*, qui avait été lors du Concordat, rattaché pour le spirituel, à la paroisse de Brenthonne. En 1815, il eut l'honneur d'être promu archiprêtre.

Après avoir desservi Bons une trentaine d'années, il mourut le 9 avril 1836, à l'âge de 74 ans, et fut inhumé le surlendemain dans l'église.

C'était un homme bon, simple, estimé de tous ceux qui le connaissaient, et très aimé de ses paroissiens auxquels, indépendamment des services spirituels, il rendait de grands services temporels, grâce à ses connaissances en médecine. Il avait, avant de mourir, rédigé un testament par lequel il faisait la paroisse héritière pour une bonne part, mais l'acte n'étant pas signé, ses intentions ne furent point exécutées.

Jacques-François Chavannaz (1836-1872). — Le successeur de M. Michoud était né en 1798, dans la paroisse d'Onnion, de J.-J. Chavannaz et de Geneviève Couturier.

La grande préoccupation du nouveau curé fut la construction d'une église neuve, car l'ancienne était non seulement trop petite, mais encore caduque. Dès 1840, il présenta un projet avec devis au Conseil municipal, qui recula devant la pénurie des ressources disponibles, et se contenta de voter un emprunt de 4.000 francs.

En attendant, le cimetière avoisinant l'église étant

reconnu trop étroit à cause de l'augmentation de la population, on le transféra sur la route de Langin, au lieu dit Pouterla (1846), et l'on fit refondre les deux cloches par les frères Paccard, de Quintal. La plus grande fut portée de 831 kilogs à 1.620, et la petite de 447 à 872. Elles donnaient le ré et le fa dièze (février 1854). La première eut pour parrain Etienne Duperrier, pour marraine, Claudine Trolliet, son épouse ; la seconde, dédiée à l'Immaculée-Conception, reçut le nom de Marie, son parrain fut Claude Mérandon, et la marraine, Marie Favre (1).

Six ans plus tard survint l'Annexion de la Savoie à la France. Comme le gouvernement impérial se montrait fort généreux pour toutes les louables entreprises, la population résolut de profiter de l'occasion. L'architecte Pompée présenta un plan que le Conseil adopta; et le 22 septembre 1863, l'adjudication en était donnée à M. Barbero, entrepreneur. Les dépenses prévues s'élevaient à 62.406 francs. Pour y faire face on comptait sur les recettes suivantes : emprunt 10.000 fr. ; subsides de l'Etat, 12.000 ; de la fabrique, 5.700 ; souscriptions en argent, 9.685 ; journées, corvées volontaires, dons, etc.

Immédiatement après l'adjudication, on commença de creuser les fondations de l'église neuve, en haut de la route nationale, vers la jonction de celle-ci avec la route des Voirons ou de Boëge, et l'on ouvrit les premières brèches dans la vieille église, qui devait cependant susbsister encore quelques mois pour le service du culte.

Avant de la voir disparaître, disons qu'elle était à trois nefs de style Renaissance et qu'elle était canoniquement orientée, c'est-à-dire que le chœur était au levant et l'entrée principale au couchant, sous le clocher. Elle possédait deux chapelles latérales, celle de la Vierge et celle de Saint Joseph. Tout à l'entour de cette église, à deux mètres du sol, existait une Litre,

(1) Note fournie par M. le curé Masson.

bande bleue bordée de noir, large de 40 centimètres et couvertes d'armoiries de distance en distance.

« La première pierre de l'église fut bénite par M. le curé le dimanche 14 août de l'année suivante en présence du sous-préfet de Thonon, M. Fournier-Sarlovèse, qui prononça une courte allocution pleine d'à-propos, de l'architecte Pompée, du député Bartoloni, du Conseil municipal, du Conseil de fabrique (1) et de la population. A midi, un banquet de 24 couverts réunit à la cure le Sous-Préfet, le Conseil et les notables. L'excellente musique de Bellevaux était venue embellir cette fête de famille par ses délicieuses fanfares dont les douces harmonies symbolisaient l'harmonie de tous les cœurs ».

Procès-verbal de cette pose fut dressé et placé, avec les monnaies accoutumées, dans une cavité pratiquée à cet effet dans le jambage de droite du grand portail.

Par suite de fâcheux tiraillements suscités par une faible partie du Conseil municipal, les travaux avançaient lentement, lorsqu'en novembre 1865, arriva à Bons, en qualité de vicaire, l'abbé Jean Gurral, de Viuz-Faverges. Ce prêtre, plein d'ardeur et d'entrain, déploya une activité extraordinaire, pour presser la construction de l'édifice et trouver de nouvelles ressources. Jour et nuit, il s'en allait relancer les autorités ou quêter des souscriptions dont il fixait souvent lui-même le montant : il imposait à celui-ci un vitrail, à cet autre l'achat d'un harmonium.

Enfin, au bout de 26 mois, le gros œuvre étant bien avancé, prêtres et fidèles brûlaient du désir d'en prendre possession, d'autant plus que les offices se faisaient dans un hangar et que l'hiver approchait; c'est pourquoi,

(1) Le Conseil municipal était ainsi composé : Jean-Claude Vuagnat, maire; J.-M. Blanc, adjoint; Claude Decompoix, Duperrier, Blanc, Lavy, Charmot, Prevond, Pelloux, Georges Séchaud et Baud, conseillers.

Le Conseil de fabrique comptait, outre M. le curé et le maire, MM. Joseph Thorens, président, Georges Séchaud et Claude-François Decompoix.

« Le jour de la Toussaint (1er nov. 1866), au son des boîtes et aux joyeux carillons des cloches, M. le curé procéda à la bénédiction de l'église, et, pour la première fois, il célébra le Saint Sacrifice dans ce temple encore inachevé, sur un autel improvisé, en présence de toute la population heureuse et triomphante.

« M. l'abbé Gurral, dont le zèle et l'activité infatigables furent pour cette œuvre, d'un si grand secours, adressa du haut d'une chaire, également improvisée, de chaleureux remerciements et de vives félicitations au curé officiant pour ses généreux appoints, puis aux autres souscripteurs, donateurs et bienfaiteurs, au Conseil de fabrique et enfin à toute la population de Bons qui, une fois de plus, venait de prouver ce qu'elle peut par le cœur, par la foi, par sa bonne volonté et son dévouement aux choses de la religion.

« Après les Vêpres du même jour, le R[d] père François Decompoix, missionnaire de Saint François de Sales, revenu pour cause de santé de la mission de Visagapatam, prononça une courte mais chaleureuse allocution, dans laquelle, en témoignant son regret d'avoir dû décliner l'honneur, qui lui avait été offert, de célébrer lui-même la première messe dans cette nouvelle église, monument de la piété et de la générosité de ses religieux concitoyens et de leur vénéré pasteur, il se félicita de pouvoir du moins, avant son départ pour une nouvelle destination lointaine (l'Angleterre), partager avec eux la joie bien légitime des difficultés vaincues, des obstacles surmontés, de l'entrée si longuement attendue et désirée, mais enfin réalisée, dans ce temple dont l'érection sera l'éternel honneur de la population actuelle de Bons.

« Cette allocution fut suivie de la bénédiction du Très Saint-Sacrement donnée par le R[d] Père, et des Vêpres des morts. Après quoi, le Père tint sur les fonts baptismaux un enfant de son cousin, Claude-François, auquel on donna les prénoms de Joseph-François. Ce fut le premier baptême célébré dans cette église où restaient encore à faire des travaux de gros œuvre et dont les baies des fenêtres et des portes étaient fermées, les unes avec des draps, des tapis, des couvertures, les autres avec des planches jointes ensemble. »

Six ans plus tard, le 23 mars 1872, M. Chavannaz, parvenu à sa 75e année, rendait le dernier soupir ; et le surlendemain, on l'inhumait au pied de la croix du cimetière. Les curés de l'archiprêtré, présents à ses funérailles, rédigèrent à la fin de l'acte mortuaire, les lignes suivantes qu'ils signèrent tous :

« Curé de Bons pendant 36 ans, il a été un prêtre « édifiant, combattant le bon combat contre le vice. « Atteint, dans les dernières années de sa vie, de « pénibles infirmités, il les a supportées avec une « résignation digne d'éloges. La paroisse entière et « plusieurs personnes des environs ont assisté à ses « funérailles ; et l'attitude des assistants témoignait de « la bonne mémoire qu'il laisse après lui. »

M. Chavannaz avait eut successivement pour vicaires : MM. Claude-François Dupraz, de Boëge, 1836-1853, mort curé de Marcellaz-en-Faucigny ; Alexis Rannaud, de Sixt, 1853-54, mort à Sixt à 26 ans ; J.-B. Coppel, des Gets, 1854 ; Augustin Curtenat, de Cruseilles, 1855, transféré à la cure de Villy-le-Pelloux ; François Granjux, d'Evian, 1856-1861, ensuite curé de Machilly ; J.-F. Poencin, d'Ugine, 1861-1865, mort l'année suivante à Desingy ; J. Gurral, déjà nommé, 1865-1871, ensuite curé de Bellecombe, où il a fait construire une belle église ; Alexis Bornichet, de Challonges, 1871, auparavant aumônier des mobiles, à Langres.

Pierre-Louis Chardon, de Bogève, 1872-1895.

Auparavant curé de La Muraz, le nouveau curé était né en 1817, il avait donc 55 ans lorsqu'il vint occuper le poste de Bons, heureux d'y trouver un bon climat et une église neuve.

Il souffrait cependant de voir dans cette belle église un maître-autel en papier, mais sachant les lourds sacrifices que ses paroissiens s'étaient imposés naguère, il hésita longtemps à faire un nouvel appel à leur générosité.

Un jour qu'il renouvelait sa plainte, son vicaire, M. l'abbé Claude Chevallier, qui était plein d'ardeur et d'entrain et qui connaissait la bonne volonté de la population, s'offrit à faire la quête. Il parcourut tous les villages et recueillit la somme importante de quatre mille francs. Les deux plus forts souscripteurs furent un vieillard des Charmottes qui donna 800 francs, et M. le curé qui en versa cinq cents. Le prix-fait fut donné le 3 mars 1880, à Charles Pedrini, sculpteur à Annecy, et l'autel, consacré, deux ans après, par Monseigneur Isoard à l'occasion de sa visite pastorale.

Cet autel, en bois de chêne, est vraiment majestueux ; on y remarque surtout les deux statues de saint Pierre et de saint Paul, patrons de la paroisse.

Parmi les autres faits religieux à signaler pendant l'administration de M. Chardon, nous énumérons :

La pose, contre le pilier de saint François de Sales, d'un beau Christ, œuvre, croit-on, de M. Baud, de Morzine, restaurée par Pedrini (1881) ;

Une grande mission donnée par les PP. Jésuites (1890);

La création d'une école libre de filles pour laquelle le curé souscrivit la somme de 450 francs, et l'édification en granit du perron de l'église dont la dépense fut couverte en partie par une souscription des paroissiens ; le reste par le budget municipal (1894).

M. Chardon était d'humeur enjouée voire un peu caustique, mais il avait un cœur généreux et ne refusa jamais l'aumône aux pauvres. « C'était en somme, m'écrit un des vicaires, un bon curé ; il remplissait à l'église les devoirs de son ministère avec une exactitude exemplaire ». Certains lui reprochaient d'abandonner par trop à ses vicaires la visite et le soin des malades ; mais son âge avancé et son état de santé l'excusent un peu ; la paroisse du reste n'en souffrit guère, parce qu'il eut des collaborateurs vaillants et dévoués qui ne reculaient point devant la besogne.

Ce furent MM. Félicien-Caïus Dunant, de La Roche (1872-1877). Passionné pour la musique, M. Dunant créa une fanfare qui reçut le nom de *Lyre Voironnaise* et que nous avons vu, dès 1875, rehausser par ses accords harmonieux, l'inauguration de la statue de Notre-Dame des Vignes, à Ballaison ;

Pierre-François Pollien, de Chevenoz, remarquable par sa taille majestueuse, sa piété et sa brillante intelligence. Nommé l'année suivante, vicaire de l'importante paroisse de Saint-Maurice d'Annecy, il la quitta plus tard pour entrer à la Grande-Chartreuse, où il a été plusieurs fois chargé de fonctions honorables. Bien que son séjour à Bons eût été de courte durée, il avait trouvé le temps de catéchiser et de convertir une protestante.

M. Marin Vuichard, de Savigny, et M. Eusèbe Ducrue, d'Arâches, qui lui succédèrent, ne firent que passer. Le premier arrivé en mai 1878, devint, en octobre, curé de Saint-Sylvestre ; et le second, obtint, en 1879, la cure de Chavannaz ;

Claude Chevallier, de Reignier, 1879-1882. Ainsi que nous l'avons dit, c'est lui qui, sur le désir exprimé par son curé, s'offrit à quêter pour le maître-autel. C'est encore lui qui compléta la belle chorale de la paroisse. Successivement, vicaire à Bonneville, choriste à la cathédrale, curé de Cranves, M. Chevallier est aujourd'hui, à cause d'infirmités précoces, retiré dans sa famille ;

Pierre Perret, de Chilly, 1882, ne fit pas non plus un long séjour. Transféré en 1885 à la cure plus importante de Saint-Julien, il est aujourd'hui curé-archiprêtre de la paroisse d'Ugines, qu'il administre avec dévouement depuis 18 années ;

Enfin Jules Mattelon, d'Alex, 1885-1895. Plein de zèle et d'ardeur, l'abbé Mattelon, non content de faire tout le service extérieur de la paroisse, entreprit, en 1890, la tâche difficile de créer une école libre de filles; et il y réussit à merveille ainsi que nous le verrons plus loin.

M. Chardon étant parvenu à sa 78e année, résigna son bénéfice et se retira à Annemasse où il décéda peu après (13 nov. 1901).

Avant de mourir, il a fait donation à la fabrique de Bons d'une somme de onze cents francs que celle-ci lui devait.

Emile-Eustache Jay, de Samoëns, 1895-1900.

Au départ de M. Chardon, l'église de Bons demandait des réparations coûteuses et importantes. Il fallait, de toute nécessité, renouveler la toiture, laquelle laissait filtrer les eaux de pluie qui dégradaient tout à l'intérieur. Il restait à terminer le clocher et à meubler convenablement l'église. Or la fabrique était sans ressources, et l'administration civile n'approuvait qu'avec peine des dépenses en faveur des édifices du culte. Pour remédier à la situation, les fidèles demandaient à Dieu un curé doué de zèle, d'intelligence et d'énergie, capable de gagner le cœur de la population et de réveiller les bonnes volontés. La Providence y pourvut en leur envoyant M. l'abbé Jay, alors vicaire à Bonneville.

Dès le printemps qui suivit son installation, le jour de la Pentecôte (24 mai 1896), M. Jay inaugurait une belle grotte de Lourdes qu'il avait fait élever au-dessus du bourg, aux abords du hameau dit chez les Bels. Cette grotte est devenue un lieu de pèlerinage où les fidèles aiment à se réunir le soir des fêtes de la Mère de Dieu. On y prie aux intentions de l'Eglise, on y chante des cantiques, parfois même l'on y entend redire les louanges de la Vierge Immaculée.

Un an plus tard (20 mai), le Conseil municipal votait l'achèvement du clocher, avec des réparations importantes à l'église. L'adjudication des travaux eut lieu le 16 juillet 1898, pour la somme de 20.000 francs, couverts par un emprunt de 12.000 francs et par une souscription publique.

Afin d'utiliser les matériaux du vieux clocher qui se dressait encore solide au milieu de la halle, mais dont la flèche et le beffroi menaçaient ruine, on fit, au moyen de la poudre, sauter successivement trois angles de la tour, puis avec des crics, sur lesquels s'appuyaient de fortes poutres, on finit par ébranler la masse qui tomba lentement, à la satisfaction de ceux qui assistaient anxieux à cette opération (septembre 1898).

Les réparations de l'église achevées, M. le Curé la fit peindre et meubler, en très grande partie à ses frais : les fonts baptismaux, la chaire, les stalles, le dallage du chœur et la table de communion datent de cette époque. Les chapelles de la Vierge et de S. Joseph furent ornées de vitraux à personnage, offerts l'un par les sœurs Genoud, l'autre par Joseph Séchaud ; et l'on plaça au clocher une horloge achetée au moyen d'une souscription.

Ajoutons à tout cela des réparations importantes au presbytère, ainsi qu'aux murs de clôture, la création d'une école mixte enfantine et d'un dispensaire, tenus par les Révérendes Sœurs de Saint-Joseph, l'établissement d'un patronage de jeunes filles, une Mission donnée par les Missionnaires de S. François de Sales.

On comprendra, en lisant cette simple énumération, que le passage, bien que rapide de M. Jay à Bons, ait fait une impression profonde et que la paroisse garde un excellent souvenir de son ancien curé.

En 1900, M. Jay fut nommé par Mgr Isoard à la cure importante autant que difficile d'Evian-les-Bains, qu'il dirige encore aujourd'hui à la satisfaction de tous.

A Bons, il eut pour vicaires : MM. Mattelon, déjà nommé ; Jacques-F.-César Brand, de Vovray, 1896-1899, aujourd'hui curé de Cordon ; Vincent-Ulrich Rey, de Bellevaux, 1899-1910, actuellement aumônier d'un orphelinat de filles à Ecogia, près Genève.

Victor Masson, de Viuz-la-Chiésaz, 1900.

Le successeur de M. Jay naquit à Viuz-la-Chiésaz, le 6 novembre 1854. Ordonné prêtre en 1880, il fut vicaire aux Clefs, puis à Allonzier-la-Caille, curé de la paroisse de Combloux, dont le climat sévère convenait peu à sa santé, enfin curé de Bons. Depuis onze ans, il se dévoue tout entier à ses nouveaux paroissiens ; et c'est du fond du cœur que ceux-ci lui disent avec moi : *Ad multos amos.*

Vicaires : l'abbé Rey, déjà nommé, et l'abbé Joseph Rossillon, de Samoëns, nommé en 1909, pendant une maladie de son prédécesseur.

Nous terminerons cette monographie de la paroisse de Bons par l'énumération des prêtres quelle a fournis à l'Eglise.

Prêtres natifs de Bons

De tout temps, la paroisse de Bons a eu l'honneur de donner un grand nombre de prêtres à l'Eglise. Voici ceux que j'ai rencontrés dans mes recherches :

Anselme de Bons (1279), et Antoine de Langin (1475), déjà nommés parmi les curés de Bons ;

Claude Cullaud (de Cullata), recteur de la chapelle Saint-Antoine, 1465 ;

Jean Mercier, témoin à Buffavent, en 1467 ;

Etienne Allay, ordonné diacre le 23 mai 1467 ;

Antoine, fils de J. Charmot, ordonné prêtre le 18 septembre 1479 ;

Claude de Bons, curé de Collonges-Bellerive, minoré le 24 mai 1483 ;

Jean, fils de Pierre Deselets, prêtre du 11 mars 1486 ;

Mermet du Biolley, surnommé Mathei, prêtre du 24 mai 1494 ;

Jean Culland, prêtre de 1495 ;

Pierre Dunant, prêtre du 14 mars 1495 ;

Loys Tissot, diacre du 11 mars 1496 ;

Jacques Portier, diacre du 15 février 1497 ;

Aimon du Biolley, prêtre du 22 décembre 1498 ;

Claude Gonthier, diacre du 8 mars 1505 ;

Rodolphe de Langin, prêtre du 17 mai 1505 ;

Pierre Dunant, prêtre du 20 mars 1518.

Après la Réforme :

RR[ds] : Jean-Claude, fils de Jacques Cortagier, notaire, né en 1663, fut nommé gardiateur de la cure de Bons en 1701, puis curé de la paroisse de Machilly, qu'il administra avec zèle pendant vingt ans (17 décembre 1706-29 août 1726). Il laissa à sa mort de riches ornements à l'église de Bons. (Obit).

Louis, fils de Georges Decompoix, prêtre du 5 avril 1710, vicaire de Brens, puis de Saint-Pierre-de-Rumilly, il fut institué curé de Lugrin le 15 mai 1725, et décéda le 23 novembre 1756. Par son testament du 23 novembre 1754, il instituait héritiers Jean et Louis Decompoix, ses neveux, et léguait à l'église de Bons un capital de 120 livres, sous charge d'une messe basse à chaque Quatre-Temps.

Nicolas, fils de Nicolas Genty, diacre du 22 septembre 1714.

Jean-Baptiste, fils de J. Milliet, prêtre du 21 décembre 1726. Institué, le 9 juillet 1738, curé de Veyrier-sous-Salève, il y mourut le 23 décembre 1743, dans sa 43e année, « après avoir vécu en vertueux ecclésiastique et reçu tous les sacrements avec une piété exemplaire ». Par son testament, rédigé cinq jours avant son décès, il avait fondé cinq messes, dont une grande, à dire dans l'église de Bons.

Nicolas, fils d'Etienne Mamburier et de Marie Delesclets, de Langin-la-Ville, prêtre de 1738, fut vicaire à Douvaine, 1752, ensuite curé de Margencel (1754-1771).

Charles Mamburier, religieux capucin sous le nom de Père Cyrille, fut ordonné sous-diacre en 1733, et fit profession en 1746. Encore vivant en 1796, il était alors détenu dans les prisons de Chambéry.

Jean-François, fils de l'avocat Pierre Duperrier. Prêtre du 10 mars 1770, il enseignait la philosophie au collège de Thonon, lorsque la Révolution survint. Il émigra d'abord dans le canton de Vaud, puis à Chieri, en Piémont, où il mourut, vers 1797, chez les Pères de l'Oratoire.

Nicolas, fils de Louis Duperrier et de Claudine Lavy, naquit le 7 juin 1762. Prêtre du 19 septembre 1789, il remplissait les fonctions de vicaire à Fessy en 1793. Au retour de l'émigration, il fut nommé curé d'Usinens, 1803. Mais un tremblement continuel de la tête et des bras le força bientôt de résigner son bénéfice et de se retirer à Bons, où il mourut le 16 juin 1836. (Notes T).

Claude-Louis, fils de Jean Vaucé (Vaucher), né en 1768, fut ordonné sous-diacre le jour de l'entrée des Français en Savoie (22 septembre 1792) ; il assiste à Bons comme témoin à plusieurs mariages, en 1801. Après le Concordat, il fut vicaire au Biot, puis à Sixt, enfin curé de Notre-Dame-du-Mont, au diocèse de Grenoble.

Pierre, fils de Jean Charmot, né à Bons en 1764. Ordonné prêtre le 6 juin 1789, il fut nommé vicaire à Saint-Gingolph, sur la frontière Suisse. Pendant la Révolution, il se réfugia en Valais, d'où il revint fréquemment exercer son ministère dans les paroisses voisines. Sur la fin de la tourmente, il rentra à Bons, où il mourut le 9 décembre 1800, dans sa 37e année.

André, fils de Michel Duperrier, sergent royal, soit huissier. Il fut successivement vicaire à Saint-Pierre-d'Albigny, 1819, curé de Vétraz, 1820, puis curé-archiprêtre de Bonneville, 1834. Il mourut dans ce dernier poste le 6 septembre 1852, à l'âge de soixante ans.

Georges-Louis, fils de Siméon Cullaud, arpenteur. Né en 1814, prêtre de 18... M. Cullaud fut vicaire à Morillon, à Entremont, à Lugrin et à Viuz-en-Sallaz ; curé d'Entremont en 1863, enfin curé de Contamine-sur-Arve en 1868. Il est mort dans cette dernière localité le 5 décembre 1893, regretté de ses paroissiens et de ses confrères.

Favre Clément, né en 1815. Successivement vicaire à Morzine, Arenthon, Mégevette, Arbusigny, Nonglard, enfin curé de...

Nicolas, dit Paulin, fils de Claude Truffat, né en 1816 et mort supérieur de la maison royale de la Superga, en 1864. Nous en reparlerons plus loin.

Pierre, fils de Nicolas Duperrier, né le 4 août 1818, et prêtre de 1843. Successivement vicaire à Meillerie, en 1843, à Epagny, en 1846, et vicaire-régent à Ballaison de 1847 à 1862, époque à laquelle il fut nommé curé d'Esery ; trois ans plus tard il demandait la cure de Loisin, qu'il occupa jusqu'en 1883. — A l'âge de 65 ans, il se retira à Bons dans sa maison paternelle, où il rendit le dernier soupir le 23 octobre 1897.

Jean-Nicolas, fils de J.-F. Decompoix et de Claudine Baud, né en 1822 et prêtre de 1851. Il entra chez les Missionnaires de S. François de Sales, qui l'envoyèrent à Cuttack, dans les Indes Anglaises. Après dix-huit ans de laborieux apostolat, il mourut à Visagapatam le 7 juillet 1869.

François Decompoix, frère du précédent, né en 1824 et prêtre de 1849, partit également pour la Mission des Indes, cette même année. Revenu en Europe en 1866 pour cause de santé, il fut, peu de mois après, envoyé en Angleterre, à la station de Devizes, dans le diocèse de Clifton. Plus tard, on lui confia la station de Malmsbury, où il jouit encore d'une verte vieillesse et de l'estime de tous.

Louis-Marie, fils de J.-L. Cottet, né en 1839. Après avoir étudié aux collèges d'Annecy et d'Evian et au Grand-Séminaire d'Annecy, il entra dans l'Institut des Jésuites (1862). On le trouve successivement à Lons-le-Saulnier, 1862, à

Dôle, 1864, professeur à Avignon, en 1870, étudiant en théologie à Aix-en-Provence, où il reçut la prêtrise, professeur et plus tard préfet des études à Mongré, 1873. A la suite du décret du 29 mars de cette dernière année qui prononçait l'expulsion des Jésuites, ses supérieurs l'envoyèrent d'abord à Saint-Etienne-en-Forez, avec le titre de sous-directeur de l'école libre de Saint-Michel, puis à Marseille, en qualité d'aumônier de la salle d'asile de Saint-Just (notes Thorens). Actuellement en Angleterre.

Joseph, fils de François Boccard, né en 1842, prêtre de 1869, il occupa les vicariats d'Allonzier, de Chilly, de Poisy et de Saint-Paul. A Draillant, dont il fut nommé curé le 9 février 1880, il sut mériter l'estime et l'affection de ses ouailles. Mais il eut à lutter contre un instituteur sectaire qui provoqua la suppression de son traitement. Malgré la modicité de ses ressources, M. Boccard érigea dans l'église un maitre-autel en marbre, fit amener à la cure, à ses frais, une source d'eau pure et donna un élan aux vocations sacerdotales. — Las enfin de batailler contre ses adversaires, peu nombreux, il est vrai, mais soutenus par l'administration préfectorale, il résigna son bénéfice pour entrer dans l'enseignement. On le trouve professeur à Mongré, en 1891, à Paris, rue des Postes, en 1898. Des infirmités survenues peu après, l'obligeaient à renoncer à ces fonctions. Il vit, depuis quelques années, retiré à Thonon-les-Bains.

Jean-François, fils de Jean Compoix ou Decompoix, fournier, naquit le 14 octobre 1864. Envoyé à l'école apostolique d'Avignon, il y passa quelques années, après quoi on l'envoya fonder l'école de Dôle (Jura). C'est là qu'il termina ses études littéraires. Le 4 septembre 1878, il entra au Noviciat de la Compagnie de Jésus, et fut envoyé, sur sa demande, à Ghesir, en Syrie.

Louis-Achille, fils de Clément Duperrier, né le 13 septembre 1867, entra chez les Missionnaires de S. François de Sales, qui l'envoyèrent aux Indes, dans le diocèse de Visagapatam (11 janvier 1891). Il y est mort le 19 juin 1894, à l'âge de 27 ans.

Joseph-Emile Decompoix, fils de Jean-Marie et Françoise Mulaz, né et baptisé le 2 décembre 1863, prêtre de juillet 1887, missionnaire de S. Fr. de Sales, partit pour les Indes en octobre même année.

Alphonse Trolliet, fils d'Etienne, né en 1885. L'abbé Trolliet a reçu la prêtrise à Saint-Joseph-du-Lac, le 10 juillet 1910 des mains de Mgr Campistron, et célébré sa première messe à Bons, le lendemain, assisté par M. le chanoine Jay, ancien curé du lieu, et par de nombreux parents et amis. Il est actuellement vicaire à Châtillon-sur-Cluses.

TABLE DES MATIÈRES

www.ingramcontent.com/pod-product-compliance
Ingram Content Group UK Ltd.
Pitfield, Milton Keynes, MK11 3LW, UK
UKHW020213200726
13856UKWH00004B/1372

9 782013 403399